Dirección editorial: M.ª Jesús Díaz

Coordinación del proyecto: Roberto Uriel
Dirección de arte: Roberto Uriel y Rocío Cuenca
Texto: Maite Izquierdo
Revisión: Estelle Talavera
Diseño gráfico y maquetación: Daniel Pastor
Ilustraciones: Talia Rodaro
Diseño de cubierta: Roberto Uriel

© SUSAETA EDICIONES S.A.
C/ Campezo, 13 - 28022 Madrid
Tel.: 91 3009100
general@susaeta.com
www.susaeta.com

D.L.: M-714-2025

INVENTOS
Y GRANDES DESCUBRIMIENTOS
UN INCREÍBLE VIAJE POR LA HISTORIA DEL INGENIO HUMANO

susaeta

TIPOS DE INVENTO

Junto a cada invento aparece un icono que los agrupa
por tipo o por familia, según estas categorías:

 Agricultura, pesca y comercio

 Arquitectura y construcciones

 Utensilios y herramientas

 Vestimenta y accesorios

 Ciencia y tecnología

 Escritura y comunicación

 Armas y batallas

 Objetos y artículos cotidianos

 Arte, creatividad y cultura

 Transportes y navegación

Un gran paseo por el ingenio

Cada día utilizamos un montón de objetos, nos movemos en distintos medios de transporte, hablamos por el móvil, tomamos un medicamento recetado por el médico si nos sentimos mal, miramos la hora que es... Pero no siempre fue así. ¿Quieres saber cómo y quiénes inventaron todo esto que utilizas?

INVENTOS Y DESCUBRIMIENTOS

Los inventos son fruto del ingenio de unas personas que idearon y crearon artilugios para hacer más fáciles algunas tareas o dar solución a determinados problemas. Los descubrimientos, en cambio, son hallazgos de fenómenos que ya existían pero que nunca se habían descrito, fruto de la observación de esos fenómenos y a veces, también, de la casualidad.

El fuego, la rueda, la electricidad, los antibióticos, los ordenadores, Internet... ¿Verdad que cuesta imaginar un mundo sin ellos? Pues hubo un tiempo en el que no existían. Los inventos mejoraron el día a día de las personas, y muchos de ellos cambiaron para siempre la historia de la humanidad.

Te proponemos un recorrido fascinante en el que conocerás datos asombrosos y curiosidades sobre los 200 inventos y descubrimientos más importantes, y también a sus protagonistas.

¿Te apuntas? ¡Quién sabe!, tal vez el próximo invento sea uno de los tuyos...

Cronología

PREHISTORIA (35 000 años atrás – 3300 a. C.)

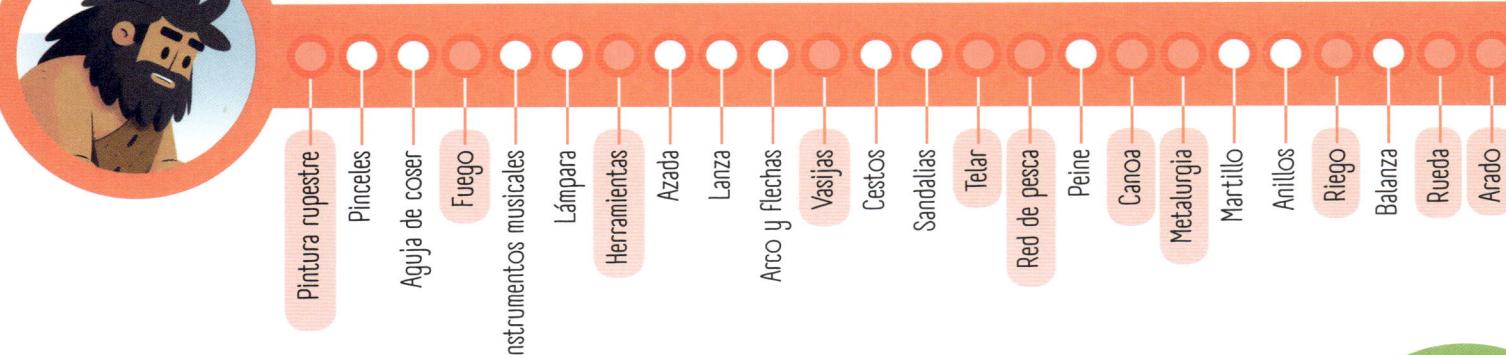

Pintura rupestre · Pinceles · Aguja de coser · Fuego · Instrumentos musicales · Lámpara · Herramientas · Azada · Lanza · Arco y Flechas · Vasijas · Cestos · Sandalias · Red de pesca · Telar · Peine · Canoa · Metalurgia · Martillo · Anillos · Riego · Balanza · Rueda · Arado

EDAD MEDIA (476 – 1492)

Ventanas con cristales · Espejo de vidrio · Reloj mecánico · Notas musicales · Pintura al óleo · Gafas · Catapulta · Brújula moderna · Álgebra · Tenedor · Herradura · Violín · Número cero · Pólvora · Reloj de arena · Carretilla · Papel moneda · Vela latina · Astrolabio · Molino de viento · Mosaicos · Órgano · Ajedrez

Cañón · Arreo · Libro · Imprenta · El punto decimal · Carruaje · Timón

Bóveda de crucería

Evoluciona desde el románico al gótico tardío.

Algunos inventos, como la brújula, parten de un elemento sencillo (una aguja magnetizada) hasta llegar a ser como hoy los conocemos.

Carabela · Grúa · Anestesia · Anatomía · Estrellas supernovas · Péndulo · Inodoro · Método científico · Microscopio · Rueca · Estribo · Mosquete · Teoría heliocéntrica

EDAD CONTEMPORÁNEA (1789 – Actualidad)

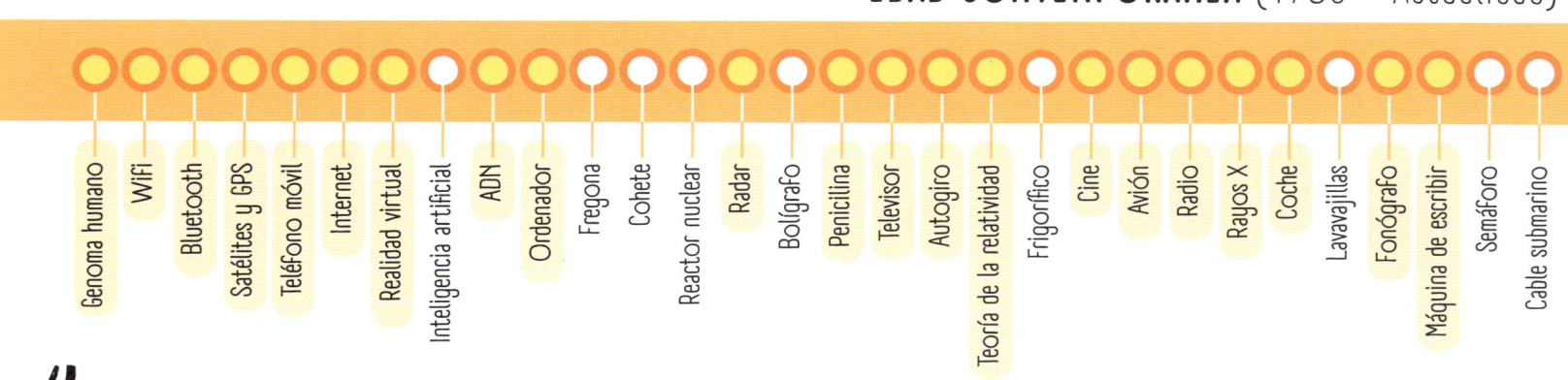

Genoma humano · WiFi · Bluetooth · Satélites y GPS · Teléfono móvil · Internet · Realidad virtual · Inteligencia artificial · ADN · Ordenador · Fregona · Cohete · Reactor nuclear · Radar · Bolígrafo · Penicilina · Televisor · Autogiro · Teoría de la relatividad · Frigorífico · Cine · Avión · Radio · Rayos X · Coche · Lavavajillas · Fonógrafo · Máquina de escribir · Semáforo · Cable submarino

Estos son algunos de los inventos y descubrimientos más destacados de la historia

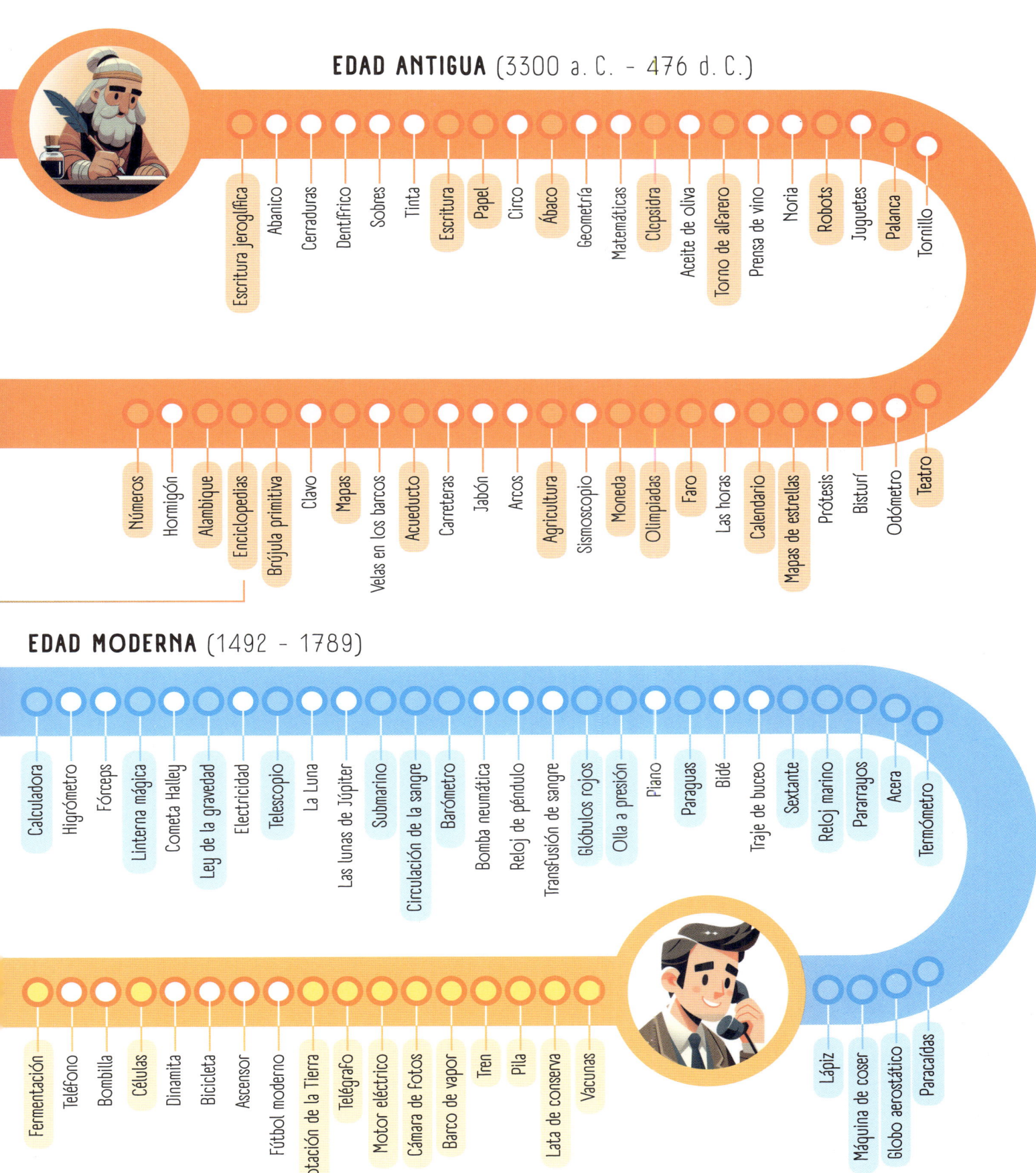

EDAD ANTIGUA (3300 a. C. – 476 d. C.)

Escritura jeroglífica · Abanico · Cerraduras · Dentífrico · Sobres · Tinta · Escritura · Papel · Circo · Ábaco · Geometría · Matemáticas · Clepsidra · Aceite de oliva · Torno de alfarero · Prensa de vino · Noria · Robots · Juguetes · Palanca · Tornillo

Números · Hormigón · Alambique · Enciclopedias · Brújula primitiva · Clavo · Mapas · Velas en los barcos · Acueducto · Carreteras · Jabón · Arcos · Agricultura · Sismoscopio · Moneda · Olimpiadas · Faro · Las horas · Calendario · Mapas de estrellas · Prótesis · Bisturí · Odómetro · Teatro

EDAD MODERNA (1492 – 1789)

Calculadora · Higrómetro · Fórceps · Linterna mágica · Cometa Halley · Ley de la gravedad · Electricidad · Telescopio · La Luna · Las lunas de Júpiter · Submarino · Circulación de la sangre · Barómetro · Bomba neumática · Reloj de péndulo · Transfusión de sangre · Glóbulos rojos · Olla a presión · Piano · Paraguas · Bidé · Traje de buceo · Sextante · Reloj marino · Pararrayos · Acera · Termómetro

Fermentación · Teléfono · Bombilla · Células · Dinamita · Bicicleta · Ascensor · Fútbol moderno · Rotación de la Tierra · Telégrafo · Motor eléctrico · Cámara de fotos · Barco de vapor · Tren · Pila · Lata de conserva · Vacunas

Lápiz · Máquina de coser · Globo aerostático · Paracaídas

NOTA: En esta cronología hay algunos inventos y descubrimientos que se han destacado con un fondo de color por considerarse más relevantes. No todos los inventos y descubrimientos del libro aparecen en la cronología. Si quieres buscar alguno en concreto, puedes dirigirte al índice final de la página 110.

PINTURA

Aunque el ser humano es muy anterior, las primeras manifestaciones culturales, como las pinturas rupestres, aparecieron hace unos 35 000 años. Los primeros humanos empezaron a pintar en las cuevas con pigmentos que obtenían de la naturaleza. Ciervos, bisontes, escenas... Pensaban que así atraerían la caza.

¿Sabías que...?: ¡También pintaron para expresarse! Algunas de estas creaciones son tan bellas que sus primeros descubridores dudaron de que fueran realmente prehistóricas.

PINCELES

Muchas veces pintaban con las manos. Pero también construyeron sofisticados pinceles para conseguir trazos más finos. Los hacían reuniendo pelos de animales que ataban a un palo de madera o hueso.

¿Sabías que...?: También usaron conchas como paleta e incluso cañas huecas para soplar la pintura, como si fueran aerógrafos.

VASIJAS

En el periodo Neolítico empezaron a necesitar recipientes para cocinar, guardar y transportar los alimentos. Los hicieron con arcilla, porque podía modelarse fácilmente y luego endurecerse al fuego.

¿Sabías que...?: Se han encontrado pequeñas vasijas en forma de animales, con boquillas estrechas y residuos de leche en su interior. ¡Podrían ser biberones prehistóricos!

FUEGO

Los primeros humanos ya conocían la existencia del fuego: lo habían visto en la naturaleza, pero no sabían cómo hacerlo. Intentaron reproducirlo golpeando dos piedras para que saltara una chispa, ¡y lo lograron!

¿Sabías que...?: El fuego no solo les permitió cocinar alimentos, iluminar, calentarse o ahuyentar a los depredadores, sino que también les ayudó a desarrollar la imaginación, pues empezaron a reunirse alrededor de él para contar historias.

HERRAMIENTAS

Las primeras herramientas que fabricaron los seres humanos fueron de piedra. Los bifaces o hachas de mano se tallaban por ambas caras, para crear un filo. Se usaban para cortar, raspar o perforar.

¿Sabías que...?: Excalibur es el nombre con el que los científicos de Atapuerca (Burgos) bautizaron al bifaz hallado en la Sima de los Huesos. Tiene unos 400 000 años.

AZADA

Más tarde empezaron a añadir un mango de madera a sus herramientas para trabajar cómodamente. Nació así el primer utensilio agrícola: la azada, indispensable para remover la tierra y hacer los surcos donde plantar las semillas.

¿Sabías que...?: Era muy versátil: también se usó para cavar en la construcción de refugios.

LANZA

Cierto día, en la Prehistoria, alguien tuvo la ingeniosa idea de atar una piedra muy afilada a un palo. Surgieron así las lanzas, con las que pudieron cazar animales grandes, como mamuts o bisontes.

¿Sabías que...?: También construyeron trampas, fosos y cercas para atraparlos.

ARCO Y FLECHAS

Las técnicas de caza se fueron sofisticando: con el arco y las flechas ya podían apuntar mejor a sus presas y herirlas a distancia, lo cual tenía mucho menos riesgo para ellos.

¿Sabías que...?: El arco más antiguo que se conserva se encontró en Holmegaard (Dinamarca). Mide 1,80 metros de largo y tiene entre 7000 y 10 000 años de antigüedad.

CESTOS

La agricultura creó una nueva necesidad: almacenar los cereales y los frutos que recogían. Los hombres y mujeres del Neolítico elaboraron cestas con fibras vegetales o tiras de madera flexible, que trenzaban dándoles distintas formas y tamaños, según lo que se quisiera guardar.

¿Sabías que...?: Como esas fibras son perecederas, solo sabemos que existieron por las huellas que dejaron en barro y cerámica.

SANDALIAS

Con las mismas fibras con las que hacían los cestos fabricaron también sandalias, que protegían los pies de agricultores y ganaderos durante la marcha. Se hacían con esparto, que trabajaban hasta volverlo flexible.

¿Sabías que...?: Se parecen a algunas que vemos hoy: una suela de esparto con tiras del mismo material para sujetar los dedos y el empeine.

TELAR

En el Neolítico empezaron a cultivarse el lino y el algodón. El telar permitió sustituir las pieles de animales por tejidos más cómodos elaborados con estas fibras, que tejían en un bastidor hecho con palos de madera.

¿Sabías que...?: No se conservan telares, pero sí partes de ellos, como las «fusayolas», piezas de arcilla que usaban para sujetar y tensar los hilos.

AGUJA DE COSER

Es posible que la primera se inventara hace más de 40 000 años, y sería muy parecida a la que usamos hoy: una varilla fina con un orificio en la parte de arriba por donde se pasa el hilo. Las hacían con hueso o astas de animales.

¿Sabías que...?: No «pinchaban», como las agujas actuales. Se empleaban para coser, pero pasándolas a través de un orificio que antes habían practicado con ayuda de un instrumento puntiagudo.

METALURGIA

Hace unos 8000 años, los prehistóricos descubrieron que las rocas contenían metales que se podían extraer calentándolas en el fuego. Primero fue el cobre, que usaron como pigmento para dar color a sus creaciones. Luego fabricaron con ellos adornos, herramientas y armas.

¿Sabías que...?: Los metales fueron tan importantes que dieron nombre a tres edades prehistóricas: Edad del Cobre, del Bronce y del Hierro.

MARTILLO

Con el descubrimiento de la metalurgia los rudimentarios martillos de piedra empezaron a fabricarse en cobre o hierro. Ya no se rompían ni deformaban y eran más eficaces. Con ellos golpeaban y moldeaban metales para fabricar armas y herramientas.

¿Sabías que...?: Aunque nos cueste creerlo, también fueron armas de guerra; piensa en el dios Thor de la mitología nórdica y su inseparable martillo.

ANILLOS

Algunos investigadores aseguran que el ser humano empezó a extraer metales de las rocas no para fabricar armas, sino anillos, brazaletes y collares.

¿Sabías que...?: Fueron muy apreciados; además de adornar, servían para distinguir a los más ricos en una época en la que las clases sociales empezaban a surgir.

PEINE

Sí, en la Prehistoria también se peinaban, se arreglaban el cabello y la barba y así los mantenían limpios y libres de parásitos. Los primeros peines fueron de madera o hueso y luego se fabricaron en metal.

¿Sabías que...?: Para fabricarlos iban haciendo incisiones paralelas en forma de surcos y así conseguían los dientes del peine. La técnica se conoce como «ranurado».

LÁMPARA

Para iluminar las cuevas usaron antorchas, pero no servían en espacios pequeños, pues generaban mucho humo. Así que fabricaron «lámparas» con piedras cóncavas que llenaban con tuétano. Luego hundían en él una mecha hecha con fibras vegetales y la prendían.

¿Sabías que...?: Daban una luz más tenue, pero podían iluminar unas cuatro horas.

INSTRUMENTOS MUSICALES

Los prehistóricos crearon instrumentos para producir sonido. Los primeros debieron de ser de percusión, hechos de piel y madera, pero no se han conservado.

¿Sabías que...?: Sí se han hallado huesos agujereados que pudieron servir como flautas o silbatos. ¡La música fue otra de sus creaciones!

RED DE PESCA

El pescado fue un recurso muy importante como alimento y objeto de comercio. Por eso inventaron herramientas y desarrollaron sofisticadas técnicas para pescar. Con las redes podían atrapar muchos peces a la vez. Las hacían con fibras de árboles o algodón.

¿Sabías que...?: También fabricaron trampas para capturar a los peces tras atraerlos con cebos.

CANOA

Las primeras personas navegaron agarradas al tronco de un árbol o a horcajadas sobre él, ayudándose de palos para avanzar. Luego usaron el fuego y el hacha para vaciarlo, e inventaron así la primera canoa.

¿Sabías que...?: Además de pescar, puede que viajaran; es posible que la expansión del Neolítico en Europa se realizara por mar.

ARADO

Supuso un gran avance, pues permitió abrir surcos profundos en la tierra y sembrar más rápido. El primer arado fue de madera; incorporaba una piedra afilada que iba horadando el suelo. Al principio, eran las personas las que tiraban del arado y luego fueron incorporándose los animales.

¿Sabías que...?: Antes del arado, las semillas se depositaban en la tierra ¡de una en una! El genio que lo inventó vivió en Mesopotamia alrededor del 4000 a. C.

RIEGO

En el 6000 a. C., los agricultores egipcios descubrieron que podían aprovechar la crecida del Nilo para desviar su agua hacia los campos. Inventaron así el primer sistema de riego, que continúa utilizándose en muchos lugares.

¿Sabías que...?: Para medir el nivel del agua sumergían en el río una barra vertical con marcas: el nilómetro.

BALANZA

Aunque no hay datos ni una fecha concreta que lo confirme, es posible que los egipcios, grandes comerciantes, inventaran también la balanza de dos platos para intercambiar los granos que cultivaban: colocaban cada producto en un platillo y hacían el intercambio cuando ambos se equilibraban.

¿Sabías que...?: Más adelante incorporaron piedras de pesaje, que ponían en un platillo para saber cuánto pesaba el grano del otro.

RUEDA

El invento aparentemente más simple de la historia de la humanidad es también el más revolucionario. La rueda facilitó el transporte terrestre y fue la base de muchos descubrimientos posteriores.

¿Sabías que...?: Antes de que se inventara, los prehistóricos desplazaban los objetos haciéndolos rodar. Fabricarla no era tarea fácil; se requerían buenas herramientas para que quedara perfectamente redonda.

ESCRITURA

Alrededor del 3200 a. C., se inventó en Mesopotamia la escritura. Los templos necesitaban registrar sus gastos e ingresos, y lo hicieron mediante signos que grababan en tablas de arcilla con una pequeña caña hueca.

¿Sabías que...?: Escribir no estaba al alcance de todo el mundo. Hubo auténticos profesionales de la escritura, hombres y mujeres, llamados escribas, que aprendían el oficio en escuelas.

PAPEL

En China se escribía en seda o bambú, pero eran soportes frágiles e incómodos, así que buscaron uno mejor. El encargado fue un funcionario del Imperio, Cai Lun, al que se considera el inventor del papel.

¿Sabías que...?: Probó con cáñamo y otros materiales, y los trituró hasta obtener una pasta fina que secó al sol, y que resultaba flexible y duradera.

SOBRES

El primer sobre se inventó en Mesopotamia para proteger las tablillas de miradas ajenas. Pero aunque el fin era el mismo, no se parecía en nada a los sobres actuales: era un recipiente de arcilla.

¿Sabías que...?: En China ya se usaban de papel, pero los más parecidos a los de hoy llegaron a Europa en el siglo XIII, con sellos para impedir su apertura.

TINTA

Todo parece indicar que fue creada en China alrededor del 2500 a. C. Era una pasta muy densa de color negro, resultado de una mezcla de hollín, agua y cola, que utilizaban diluida en agua y con pincel. Los egipcios escribieron en sus papiros con tintas más ligeras, de colores negro y rojo.

¿Sabías que...?: Los egipcios también la usaban para tatuarse la piel. Una momia hallada en el Valle de los Reyes ¡tenía más de treinta tatuajes!

NÚMEROS

Aunque todas las civilizaciones usaron métodos para contar, los números que utilizamos nosotros se inventaron en el siglo v en la India. Se llaman «arábigos» porque los árabes los conocieron en sus viajes comerciales por la India y los trajeron a Europa.

¿Sabías que...?: Antes de que se inventaran, se contaba con piedras o «cálculos», que es como llamamos hoy a las operaciones con números.

GEOMETRÍA

Los egipcios se encontraron con que debían resolver problemas tan prácticos como saber cuánto medían sus parcelas de cultivo, pues tenían que reconstruirlas cada año tras las inundaciones. ¡No tuvieron más remedio que inventar la geometría!

¿Sabías que...?: La palabra «geometría» viene del griego y significa 'medición de la tierra', que es exactamente lo que hicieron sus «inventores».

MATEMÁTICAS

Aunque los egipcios usaron las matemáticas para resolver problemas cotidianos, fue Pitágoras el primero que las concibió como ciencia: enunció un teorema (que lleva su nombre) y lo demostró matemáticamente. Por eso se le considera su «inventor».

¿Sabías que...?: El teorema de Pitágoras se sigue aplicando hoy en muchísimos ámbitos: la construcción, la navegación, la astronomía...

ÁBACO

Los chinos idearon esta rudimentaria calculadora, la primera de la historia: un sistema de varillas en las que se insertaban cuentas que podían desplazarse para sumar o restar.

¿Sabías que...?: Hoy es casi un juguete para enseñar a los niños a contar. Pero entonces, cuando aún no se habían inventado los números, fue una herramienta muy valiosa.

ODÓMETRO

En el siglo II a. C., un gran inventor, Arquímedes, diseñó el primer «cuentakilómetros» de la historia. Pretendía calcular la distancia recorrida por un vehículo contando las vueltas que daban sus ruedas. A finales del siglo xv, Da Vinci lo construyó e hizo el primer viaje con él.

¿Sabías que...?: El nombre viene del griego y significa 'instrumento para medir distancias'.

SISMOSCOPIO

En el año 132 d. C., en China, Zhang Heng ideó un curioso artefacto para detectar terremotos: una vasija de bronce con ocho dragones alrededor con una bola de bronce en la boca cada uno y un sistema de péndulos y palancas en el interior. Al temblar la tierra, una de las bolas caía sobre la boca de un sapo; había ocho sapos, cada uno apuntando en una dirección.

¿Sabías que...?: Zhang Heng pensaba que los terremotos los provocaba el viento, y llamó a su invento «veleta de los vientos».

CARRETERAS

Con la expansión de su imperio, los romanos necesitaron crear una red de caminos o «calzadas» que comunicaran puntos estratégicos y facilitaran el transporte. También les permitió atravesar terrenos difíciles.

¿Sabías que...?: Muchas de las autopistas actuales se construyeron sobre antiguas calzadas. ¡El mejor camino entre dos ciudades era el mismo que ahora!

ACUEDUCTO

Ya has visto que los romanos fueron grandes ingenieros. Además de las calzadas, construyeron impresionantes obras civiles que se han conservado hasta nuestros días. Los acueductos, de gran altura para salvar cualquier desnivel, llevaban el agua de los ríos hasta las ciudades.

¿Sabías que...?: El de Segovia es uno de los más altos y largos del mundo y el único que continuó llevando agua a la ciudad hasta el siglo pasado.

MAPAS DE ESTRELLAS

El astrónomo griego Hiparco miraba el cielo desde su observatorio en la isla de Rodas, y se preguntaba a qué distancia estarían las estrellas. Construyó herramientas para medir su brillo y, a partir de ahí, calculó la posición en el firmamento de 850 de ellas. Con esa información elaboró el primer mapa de estrellas.

¿Sabías que...?: La clasificación de Hiparco (del siglo II a. C) sigue usándose hoy, aunque con algunas modificaciones.

CALENDARIO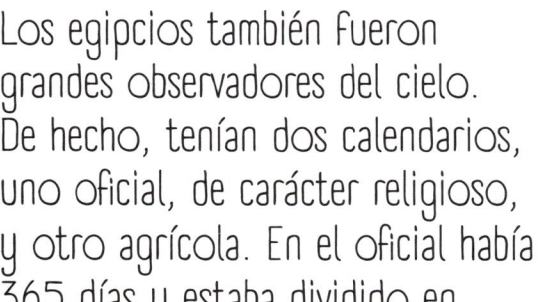

Los egipcios también fueron grandes observadores del cielo. De hecho, tenían dos calendarios, uno oficial, de carácter religioso, y otro agrícola. En el oficial había 365 días y estaba dividido en 12 meses de 30 días cada uno.

¿Sabías que...?: Dejaron cinco días fuera del calendario para ajustarlo al ciclo solar; los «días especiales» los dedicaron a sus dioses más importantes.

 LAS HORAS

Los egipcios observaron los movimientos del Sol y las estrellas fijándose en el recorrido de la sombra proyectada en el suelo. Basándose en esto, dividieron el día en doce partes y la noche en otras doce; un total de veinticuatro «horas».

¿Sabías que...?: Para ellos, el día comenzaba con la salida del sol, mientras que nosotros lo empezamos con la medianoche.

CLEPSIDRA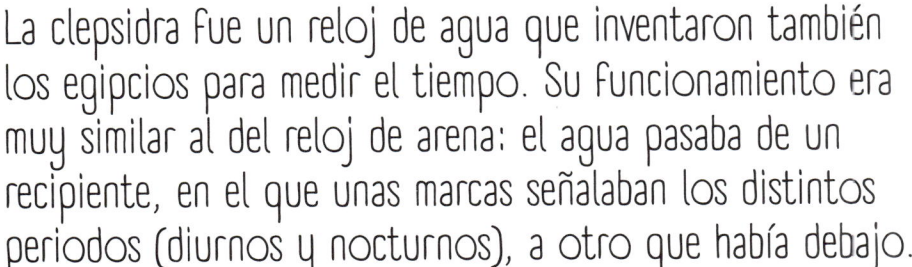

La clepsidra fue un reloj de agua que inventaron también los egipcios para medir el tiempo. Su funcionamiento era muy similar al del reloj de arena: el agua pasaba de un recipiente, en el que unas marcas señalaban los distintos periodos (diurnos y nocturnos), a otro que había debajo.

¿Sabías que...?: Fue muy útil, sobre todo en los días nublados y durante la noche, cuando no funcionaban los relojes de sol.

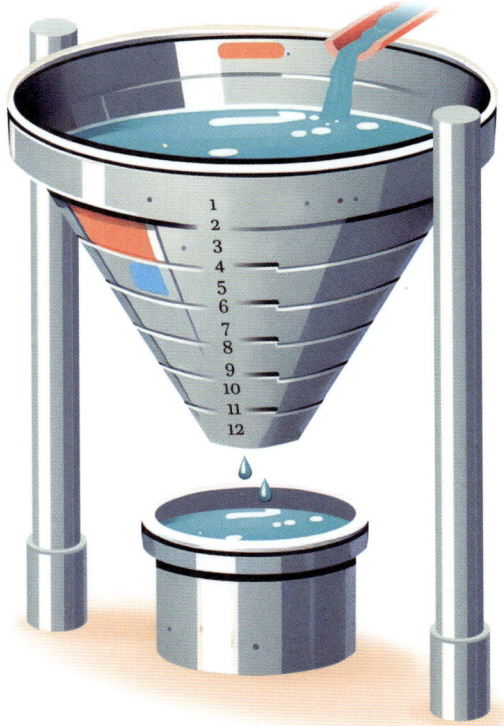

AGRICULTURA

Si los hombres del Neolítico inventaron la agricultura, los romanos inventaron la explotación agraria: para cultivar sus extensas tierras idearon técnicas como el riego por goteo, el abono o el barbecho, mejorando el rendimiento de sus cultivos.

¿Sabías que...?: El barbecho consiste en dejar la tierra sin cultivar durante uno o más años para que el suelo se regenere.

NORIA

En el siglo III a. C., Arquímedes inventó un artilugio para elevar el agua del río sin ningún esfuerzo, la propia corriente haría el trabajo, aunque fueron los árabes quienes la perfeccionaron y utilizaron para llevar agua de riego hasta los campos.

¿Sabías que...?: Su nombre procede del árabe, donde significaba 'crujir', por el sonido que emitía al girar.

ACEITE DE OLIVA

Después de hacerlo anteriormente otros pueblos del Mediterráneo, los griegos también cultivaron olivos y extrajeron de su fruto, la oliva, un aceite que consideraban mágico.

¿Sabías que...?: Según el mito, el oráculo de Delfos decidió dar a la capital griega el nombre de quien le hiciera el regalo más valioso: Poseidón le dio un río, pero Atenea, la vencedora, le concedió un olivo, que sigue siendo el símbolo de Grecia.

TORNO DE ALFARERO

Los fenicios expandieron por el Mediterráneo (hacia los siglos VIII al VI a. C.) el torno de alfarero, que se giraba manualmente para dar forma a la arcilla. Impulsó la industria cerámica y permitió crear piezas de gran belleza.

¿Sabías que...?: La lucerna es una lámpara de aceite fenicia que parece salida de un cuento. ¿La has visto alguna vez?

ENCICLOPEDIAS

Los antiguos quisieron reunir todo el conocimiento en una obra única. En Grecia, Platón y Aristóteles escribieron obras enciclopédicas con temas muy diversos: física, astronomía, poética…

¿Sabías que...?: Plinio el Viejo fue el más ambicioso: en su *Historia Natural* relató 20 000 sucesos. Murió investigando la erupción del Vesubio.

FARO

Los faros fueron las primeras señales marítimas luminosas, indispensables para la orientación y seguridad de los navegantes. En la Antigüedad, se usaron hogueras, superficies reflectoras o lámparas de aceite como precursores de los faros que conocemos ahora.

¿Sabías que...?: El más impresionante fue el de Alejandría (Egipto), de 135 metros de altura, que estaba situado en la isla de Faro, de donde procede la palabra con la que lo denominamos.

MAPAS

Aunque quizás no fue el autor del primer mapa de la historia, a Anaximandro de Mileto (geógrafo de la Antigua Grecia) se le atribuye la autoría de uno muy conocido, aunque erró al calcular las proporciones del mundo. Los griegos lo cartografiaron movidos por un afán científico, y los romanos, más prácticos, para reflejar los numerosos itinerarios de su vasto Imperio.

¿Sabías que...?: Colón llevó en su viaje a América el mapa griego más famoso, el de Ptolomeo, que se había impreso en el siglo XV.

VELAS EN LOS BARCOS

Los egipcios, griegos y fenicios usaban en sus barcos una vela insertada en un mástil, pero con ella solo podían navegar a favor del viento. Los romanos añadieron otras más pequeñas para mejorar las maniobras.

¿Sabías que...?: Aun así, en las batallas solían quitarlas para que no estorbaran y para aligerar la nave.

BISTURÍ

Los médicos egipcios fueron los primeros cirujanos de la historia y desarrollaron para sus intervenciones un amplio arsenal quirúrgico. ¡Incluso operaban de cataratas con bisturís! Además, como puede verse en las momias conservadas, muchas de estas cirugías fueron un éxito.

¿Sabías que...?: Estos primeros bisturís consistieron en finas hojas de metal de bronce o hierro.

PRÓTESIS

Hace 3000 años, los egipcios fabricaron la primera prótesis: un dedo gordo de madera y cuero que adaptaron al pie de una mujer. Los historiadores griegos y romanos hablan también en sus relatos de personas que portaban prótesis de piernas.

¿Sabías que...?: Fueron muy importantes en esos periodos de grandes batallas, pues muchas personas sufrieron amputaciones.

MONEDA

Las primeras monedas aparecieron en el reino griego de Lidia, en la actual Turquía. Acuñadas con una aleación de oro y plata, el electro, estaban respaldadas por el reino y llevaban su sello.

¿Sabías que...?: Tenían forma de grano o pepita, para asemejarlas a los granos de cereal, que era lo que tradicionalmente se había usado como moneda en el comercio.

OLIMPIADAS

Los primeros Juegos Olímpicos se celebraron en la ciudad de Olimpia, en Grecia, y se parecían mucho a los actuales: carreras, lanzamientos de disco o de jabalina, saltos... en los que se premiaba al vencedor. Estas competiciones se llamaban «athla», origen del término «atletismo».

¿Sabías que...?: También hubo competiciones femeninas: se conservan imágenes y figuras de mujeres atletas.

ESCRITURA JEROGLÍFICA

Los antiguos egipcios narraron la vida en dibujos: las labores cotidianas, la religión, las guerras… Inventaron símbolos para todo eso. Tras la caída del Imperio, se convirtieron en enigmas difíciles de descifrar.

¿Sabías que…?: En 1799 tuvo lugar un gran descubrimiento: se halló la piedra de Rosetta, que permitió posteriormente descifrar los jeroglíficos y así conocer mejor la cultura egipcia.

ABANICO

No sabemos con exactitud cuándo apareció el primer abanico, aunque sí que lo usaron muchas civilizaciones para airearse, reavivar el fuego y espantar molestos insectos: egipcios, babilonios, persas, griegos, romanos… Luego se convirtió en objeto de lujo de las clases altas, que tenían sirvientes que los abanicaban.

¿Sabías que…?: Los plegables de varillas, como los actuales, se inventaron en el siglo x en Corea.

JABÓN

Las mujeres de la Antigua Roma que lavaban en el río descubrieron que cierta sustancia que bajaba del monte Sapo mezclada con el agua dejaba más limpias la ropa y sus manos. Era grasa de los animales que sacrificaban en la cima junto con la ceniza con la que los incineraban.

¿Sabías que...?: De aquel monte Sapo derivan jabón, en español, o *savon,* en francés.

DENTÍFRICO

Los antiguos restregaban sus dientes con mezclas de sustancias abrasivas debidamente pulverizadas: vinagre, sal, piedra pómez, cristal… ¡Incluso orina! Para que tuvieran un sabor agradable y dejaran un aliento más fresco añadían hojas de menta o flores.

¿Sabías que...?: Los persas fabricaron su pasta con tinturas y añadieron otro elemento a la higiene dental: el pincel con el que la aplicaban.

ROBOTS

Los griegos fueron grandes inventores. En el siglo III a. C. floreció en Alejandría una escuela de científicos, una especie de Silicon Valley, donde se crearon los primeros autómatas con «vida propia» que imitaban movimientos de seres vivos.

¿Sabías que...?: El más espectacular fue un gran caracol mecánico que se movía solo y escupía baba.

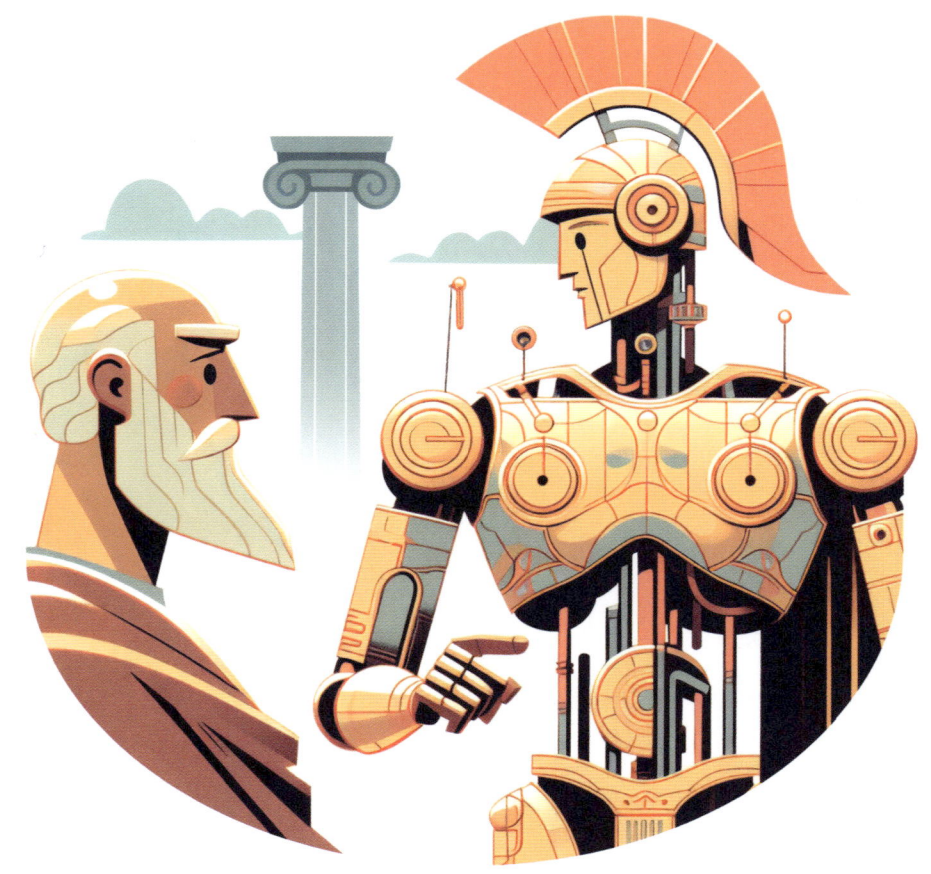

JUGUETES

El inventor más famoso de Alejandría, Herón, creó también juguetes para la diversión de pequeños y mayores. Por ejemplo, pájaros que trinaban cuando se les acercaba a una fuente de agua.

¿Sabías que...?: Aparte de estos sofisticados juguetes, los niños y niñas griegos jugaban con sonajeros con formas de animales, muñecas y caballitos con ruedas.

CIRCO

Aunque el que conocemos es una creación moderna, hacia el año 3000 a. C. había en China e India acróbatas y malabaristas que entretenían a los espectadores.

¿Sabías que...?: La palabra procede del latín *circus*, que eran los lugares donde los romanos celebraban carreras de carros. Y no porque fueran circulares, sino porque los carros corrían en círculo.

TEATRO

Los griegos celebraban rituales de danza y canto en honor al dios Dionisos. En el siglo III a. C., un sacerdote llamado Thespis incluyó un diálogo en el espectáculo y se convirtió en el primer actor. Un siglo después el teatro floreció en Grecia, ya independiente del culto a Dionisos.

¿Sabías que...?: Aristóteles escribió el primer tratado de arte dramático: *Poética*.

CERRADURAS

La más antigua que se conserva es egipcia. Se trata de una pieza de madera de gran tamaño con tres dientes que, al ser introducida en el cerrojo, empujaban tres clavijas, abriendo así la puerta.

¿Sabías que...?: Los romanos fabricaron cerraduras metálicas más parecidas a las actuales: para abrirlas se introducía y giraba una pequeña llave. También inventaron la caja fuerte.

PALANCA

Aunque se usó en la Prehistoria, el gran científico de la Antigüedad, Arquímedes, fue quien enunció el revolucionario principio de la palanca: «Dadme un punto de apoyo y moveré el mundo». Es decir, con una barra rígida y un buen punto de apoyo se puede multiplicar el esfuerzo y mover así cualquier objeto.

¿Sabías que...?: Son palancas muchos objetos cotidianos: abrebotellas, cortaúñas...

TORNILLO

Lo inventó Arquitas de Tarento, matemático, filósofo, astrónomo y creador de ingenios, considerado el fundador de la mecánica. Más tarde, Arquímedes lo perfeccionó, aprovechando su movimiento para bombear el agua que entraba en las embarcaciones.

¿Sabías que...?: Arquitas inventó también una paloma de madera capaz de volar de forma autónoma, impulsada por vapor: fue uno de los primeros robots.

CLAVO

Aunque se usaron en la Prehistoria, los más efectivos los fabricaron los romanos para unir las piezas de sus edificios, puentes y barcos, o asegurar las piedras con las que construyeron sus carreteras.

¿Sabías que...?: También los usaron en su más brutal ejecución: la crucifixión. La prueba es un esqueleto humano hallado en un yacimiento con un clavo en el talón.

HORMIGÓN

Los hábiles ingenieros romanos buscaban un material apto para construir en zonas húmedas. Mezclaron tierra volcánica, arena, piedras y cal e inventaron uno de los materiales más revolucionarios de la historia de la construcción: el *opus caementicium*.

¿Sabías que...?: Muestra de su calidad es el Panteón de Agripa, construido entre los años 118 y 125 d.C., y aún en pie.

ARCOS

Los romanos los utilizaron para salvar el espacio entre dos pilares en sus grandes obras civiles: acueductos y puentes, que estaban tan bien construidos que han llegado hasta nuestros días.

¿Sabías que...?: También los usaron para celebrar sus victorias en las guerras: se levantaban en las ciudades para que el general victorioso pudiera pasar por ellos, y en los muros de esos arcos se grababan sus hazañas.

ALAMBIQUE

Probablemente, lo inventó en el siglo II María la Judía, considerada la primera alquimista de la historia. Para destilar utilizó una vasija con una pieza en la que calentaba el líquido, que después se condensaba en otra pieza y finalmente bajaba por unos tubos hasta el vaso donde se recogía.

¿Sabías que...?: También inventó técnicas como la del «baño maría», que lleva su nombre.

PRENSA DE VINO

Los mercaderes fenicios introdujeron la cultura del vino en el Mediterráneo. La prensa de vino más antigua que se conserva es fenicia, y debió de ser usada en el siglo VII a. C., aunque por entonces pisaban la uva.

¿Sabías que...?: Fueron los griegos y los romanos quienes perfeccionaron las prensas con piedras y palancas para ayudar a extraer el jugo de las uvas.

MOSAICOS

Aunque griegos y romanos adornaron los suelos de villas y templos con mosaicos de pequeñas teselas, fue en Bizancio, en el siglo VI, donde alcanzaron su esplendor. Los bizantinos cubrieron las teselas con oro y las usaron en paredes y bóvedas, construyendo verdaderas basílicas doradas.

¿Sabías que...?: Mérida está considerada la ciudad española con mayor número de mosaicos.

ENCUADERNACIÓN

Los antiguos guardaban los rollos de papiro en cestas o vasijas. En la Edad Media se escribía en pergaminos, que ya no eran rollos sino «páginas» que se cosían para mantenerlas unidas. Y para protegerlas, se usaban tapas de madera cubiertas con cuero o tela.

¿Sabías que...?: Estas tapas comenzaron luego a ilustrarse. Poco a poco, estaban naciendo los primeros libros encuadernados.

LIBRO

Las bibliotecas medievales albergaron ejemplares bellamente encuadernados: pieles bien curtidas, telas bordadas con pedrería, ¡incluso oro! Se acababa de inventar el libro no solo como soporte de un texto, sino también como objeto artístico.

¿Sabías que...?: Algunos podían pesar 30 kilos. La mayoría se conservaron en monasterios, donde podía haber entre 50 y 200 ejemplares.

IMPRENTA

Hasta el siglo xv los libros se hacían a mano. Además de ser un trabajo lento, limitaba la difusión del conocimiento. Por eso la invención de la imprenta, que permitió producir muchos ejemplares, fue sobre todo una revolución cultural. Gutenberg, su inventor, modeló letras de metal que luego colocó en planchas, que podían reutilizarse, para imprimirlas en el papel.

¿Sabías que...?: El primer libro que imprimió fue una Biblia de mil páginas. Muchas de las elegantes tipografías que creó continúan usándose hoy en día.

PINTURA AL ÓLEO

En el siglo XII, empezaron a mezclarse los pigmentos de color con aceite en vez de agua. Se obtuvo así una pintura más resistente y versátil. Jan Van Eyck, pintor flamenco, fue el primero en usarla para pintar sobre tabla, en el siglo XV.

¿Sabías que...?: Van Eyck fue también uno de los primeros pintores que firmaron sus obras.

NOTAS MUSICALES

En el siglo XII, un fraile benedictino, Guido d'Arezzo, las «inventó» a partir de un himno que se cantaba subiendo la entonación en cada frase. Con la primera sílaba de cada una de esas frases nombró las notas: do, re, mi, fa, sol, la y si.

¿Sabías que...?: Este sistema sustituyó al anterior, que usaba letras (A, B, C...).

VIOLÍN

Los primeros instrumentos de cuerda, como la lira, se tocaban con las manos. Fueron los árabes quienes, en el siglo X, comenzaron a usar un arco hecho con crines de caballo. Surgió así el primer instrumento de cuerda frotada, el rabel, que se hizo muy popular en la Edad Media.

¿Sabías que...?: El rabel se considera antecesor del violín, que data del siglo XVI.

ÓRGANO

Los antiguos obtenían sonidos al azar haciendo pasar aire por unos tubos. A partir del siglo VI el sistema de tubos se perfeccionó, se añadió un teclado y se usaron fuelles que alguien accionaba mientras el intérprete tocaba el teclado. Surgió así el órgano, ya con el fin de hacer música.

¿Sabías que...?: El más grande tenía 400 tubos y 26 fuelles ¡accionados por 70 personas!

NÚMERO CERO

Al-Juarismi, matemático árabe, fue quien, en el siglo IX, sustituyó en Occidente los números romanos por los «10» que hoy conocemos y que ya se usaban en la India, donde hubo grandes matemáticos. Incluyó también el «O». La palabra «cero» procede del árabe «sifr», donde significa 'vacío'.

¿Sabías que...?: El «O» permitió operar fácilmente con cantidades muy grandes.

EL PUNTO DECIMAL

Las civilizaciones antiguas sabían que existían subdivisiones más pequeñas de los números enteros, pero no dieron con un signo que lo expresara. En el siglo XIII, el italiano Fibonacci (Leonardo de Pisa) usó la barra horizontal (—) para separar el número entero de la fracción.

¿Sabías que...?: Fue el astrólogo italiano Giovanni Bianchini quien, a mediados del siglo XV, escribió el punto decimal que se usa hoy en día sobre todo en países angloparlantes. De momento, nosotros preferimos la coma.

COMPÁS

Aunque ya lo usaron los romanos para medir y trazar arcos, el compás que conocemos nació en la Edad Media, cuando el arco se convirtió en un elemento crucial en la arquitectura: se añadieron un cuadrante y un tornillo con una mariposa para hacerlo más preciso.

¿Sabías que...?: Al utilizarse sobre todo en la construcción, solían ser de gran tamaño: algunos podían medir hasta un metro.

ÁLGEBRA

En el siglo XI, el gran matemático árabe Al-Juarismi reunió el conocimiento de las civilizaciones india y griega: geometría, aritmética, astronomía... y creó una nueva disciplina: el álgebra, que ampliaba la capacidad de las matemáticas para resolver problemas.

¿Sabías que...?: La palabra «algoritmo» viene de su nombre. Y «álgebra» del título del tratado que escribió: *Al-jabr*.

GAFAS

En el siglo XIII, un monje benedictino tuvo la idea de pulir cristales para que los mayores los usaran a modo de lupa. Los llamó «piedras de lectura». Más tarde, en las fábricas de vidrio de Murano (Italia), los *cristalleri* pulieron y montaron dos lentes en un soporte de madera. ¡Habían inventado las gafas!

¿Sabías que...?: Se sujetaban con la mano, pues las patillas no se inventaron hasta el siglo XVIII.

RELOJ DE ARENA

Se cree que lo inventó en el siglo VIII un monje francés. Lo que es seguro es que no faltaron en las listas de provisiones que llevaban los barcos, pues en el mar podían medir el tiempo con más precisión que las antiguas clepsidras, donde el agua se condensaba al bajar la temperatura.

¿Sabías que...?: También se usó en las iglesias, para controlar la duración de los sermones.

ESPEJO DE VIDRIO

En el siglo XIII, Venecia fue el gran centro del vidrio en Europa. Allí, los *cristalleri* sustituyeron los antiguos «espejos» de metal por los que usamos hoy. Aunque entonces eran objetos de lujo reservados a los nobles.

¿Sabías que...?: El «espejo» más curioso de la historia es el agua donde se miró el bello Narciso. Atraído por su propia imagen, cayó dentro y se ahogó.

RELOJ MECÁNICO

Entre los siglos XI y XV hubo talleres de artesanos en todas las ciudades europeas. Se perfeccionaron las técnicas de trabajo del metal y, además, se hizo muy necesario medir el tiempo, pues había que calcular la duración de la jornada laboral. Surgió así el reloj mecánico con sus engranajes metálicos.

¿Sabías que...?: Antes de que empezaran a llegar a las casas, los relojes se colocaban en las fachadas de iglesias y edificios públicos. Eran enormes y no tenían números.

VENTANAS CON CRISTALES

En los siglos XIII y XIV, los avances en el trabajo del vidrio permitieron sustituir el papel o las telas que se ponían en las ventanas por cristales. La luz inundó las iglesias y los hogares de los más pudientes. ¡La Edad Media no fue tan oscura como a veces se cree!

¿Sabías que...?: La mayor parte del vidrio se destinó a las catedrales, donde brillaron las inmensas y coloridas vidrieras que hoy podemos admirar.

AJEDREZ

Se inventó en el siglo VI en la India y de ahí, por rutas comerciales, llegó a numerosas culturas, como la china o la persa. A Europa lo trajeron los árabes en el siglo XI, y parece que Córdoba fue una de las primeras ciudades donde se jugó al ajedrez.

¿Sabías que...?: Del persa viene la expresión «jaque mate», que significaba 'el rey está muerto'.

BOTONES

En la moda medieval, donde los ropajes eran rígidos y pesados, los botones permitieron entallar y ceñir los trajes para adaptarlos al cuerpo, así como cerrar mangas y cuellos.

¿Sabías que...?: Primero fueron objetos de lujo, realizados con pedrería, que se vendían en las joyerías. Después, fabricados con cobre o latón, se extendieron a las clases populares.

SEDA

En el siglo VI, unos monjes persas desvelaron el secreto de la seda, guardado celosamente por los chinos desde su descubrimiento en el año 3000 a. C: llevaron a Constantinopla gusanos de contrabando y allí establecieron la primera producción de seda, la más importante de Europa hasta la II Guerra Mundial.

¿Sabías que...?: La ruta de la seda fue la más importante a nivel comercial y de transmisión de conocimientos.

CARRUAJE

En la Edad Media, el carruaje romano tirado por caballos se popularizó como medio de transporte para las personas, siempre que fueran nobles o reyes.

¿Sabías que...?: Las ruedas del carruaje medieval eran metálicas, lo cual mejoró su resistencia y duración, y contaban con un sistema de suspensión que hacía más cómodo el viaje.

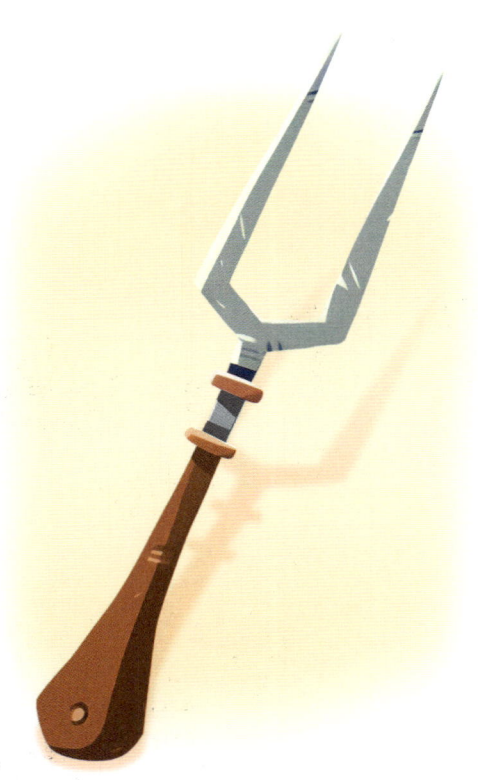

TENEDOR

Hasta el siglo XI en los banquetes se utilizaban cuchillos para cortar la carne, que después se pinchaba o se comía con las manos. Fue una princesa bizantina quien pidió una herramienta para evitar tocar la comida: un tenedor de dos puntas.

¿Sabías que...?: La pobre princesa fue tachada de cursi en Bizancio, pero cuando se mudó a Venecia, el invento triunfó.

PAPEL MONEDA

Alrededor del siglo VII, en China, el gobierno decidió emitir dinero en papel para evitar llevar pesadas monedas en los intercambios comerciales. Al principio estuvo respaldado por depósitos de oro y plata que guardaba el gobierno, y más tarde se aceptó en los intercambios sin necesidad de respaldo. El uso oficial no llegó hasta el siglo IX.

¿Sabías que...?: En Europa se usó por primera vez en Suecia en el siglo XVII: se daba como recibo a quienes depositaban oro en el banco.

CARRETILLA

La inventaron en China y le dieron el mismo uso que tiene hoy: facilitar el transporte de materiales pesados en lugar de cargarlos en la espalda. Era tan sencilla como una caja montada sobre una rueda, con dos asas para manejarla.

¿Sabías que...?: En las ciudades se usó para llevar personas. Los chinos la llamaban «buey de madera».

ARREO

Los arreos son un conjunto de guarniciones y ganchos que sirven para unir al caballo o la mula a un carro. El caballo siempre ha sido un animal muy apreciado; se usó en la agricultura, para el transporte ¡y en la guerra! Como debían soportar mucho peso, hubo que perfeccionar los arreos.

¿Sabías que...?: Gracias a la silla y el estribo, los jinetes se convirtieron en grandes (y estilosos) guerreros.

CATAPULTA

En el medievo, la modalidad habitual de batalla era el asedio, y con este fin se utilizó la catapulta. Permitía lanzar todo tipo de objetos y proyectiles desde larga distancia.

¿Sabías que...?: Aunque no llegó a construirla, el genial Leonardo da Vinci realizó el boceto de una catapulta, con medidas e instrucciones de uso. El dibujo aún se conserva en la Biblioteca Ambrosiana de Milán.

CAÑÓN

El primer cañón se inventó probablemente en China, pero sin duda alcanzó la perfección en Europa, donde se utilizó en las batallas durante el siglo XIV. Eran más grandes y sofisticados y el arma por excelencia durante los asedios.

¿Sabías que...?: Fueron grandes protagonistas en la caída de Constantinopla, que significó el fin de Bizancio y de la Edad Antigua.

PÓLVORA

Se inventó en China en el siglo ɪx por pura casualidad: parece ser que un pacífico alquimista mezclaba salitre, azufre y carbón para hallar el elixir de la eterna juventud... pero dio con la fórmula de un polvo explosivo. Dos siglos más tarde se utilizaría en las armas de guerra.

¿Sabías que...?: Antes de que los europeos la usaran en las guerras, los chinos hicieron con ella fuegos artificiales y cohetes para sus «dragones de fuego».

HERRADURA

En el siglo xi, había en muchas aldeas herrerías donde se forjaban herramientas. La herradura fue un gran invento para la agricultura: el buey, hasta entonces animal de tiro, se sustituyó por el caballo, más ágil y, gracias a la nueva protección, capaz de tirar de cargas mayores durante más tiempo.

¿Sabías que...?: Entonces ya eran amuletos; se colgaban en las puertas de las casas para protegerlas.

ROTACIÓN DE CULTIVOS

Los agricultores del medievo la usaron para mejorar la fertilidad del suelo: dividían la parcela en tres partes, en una cultivaban en invierno, en otra en primavera y la tercera se dejaba en barbecho. Gracias a esto las cosechas y su calidad de vida mejoraron.

¿Sabías que...?: Esta trienal fue un «invento» de la Edad Media. Los romanos usaron la bienal: alternar dos tipos de cultivo cada dos años.

MOLINO DE VIENTO

En el siglo VII, en la antigua Persia, comenzó a usarse la fuerza del viento para mover rudimentarios molinos. En la Edad Media se perfeccionaron y extendieron por Europa.

¿Sabías que...?: En Países Bajos se utilizaron para bombear agua de las zonas inundadas y desecarlas para poder cultivar.

MOLINO DE AGUA

Aunque el mecanismo de la rueda movida por agua se conocía desde el siglo I, fue en el medievo cuando el molino se convirtió en un fenómeno económico y social: permitió aumentar la producción y alimentar a más personas, y simplificó el trabajo de los agricultores.

¿Sabías que...?: Eran propiedad de la Iglesia o de señores feudales; el molinero acudía a moler el cereal y debía entregarle al dueño parte de la molienda.

BRÚJULA

Cuando en el siglo I los chinos descubrieron que con un hierro magnetizado podían saber dónde estaba el norte, dejaron de necesitar las estrellas para orientarse. En el siglo XII los árabes llevaron la brújula a Europa y se convirtió en el principal instrumento de los barcos.

¿Sabías que...?: Permitió navegar con rumbo fijo, no depender de las inclemencias del tiempo y llegar mucho más lejos.

ASTROLABIO

Era un instrumento que servía para calcular la posición de las estrellas en el cielo. No se sabe con seguridad quién lo inventó, aunque se suele atribuir al griego Hiparco (siglo II a. C.). El más antiguo que se conserva es persa. En el siglo VIII los árabes lo perfeccionaron y lo usaron para orientarse hacia La Meca y en la navegación.

¿Sabías que...?: La palabra procede del griego y significa 'buscador de estrellas'.

TIMÓN

Los antiguos ya habían usado timones para gobernar sus barcos, pero eran ineficaces cuando el viento no soplaba a favor. En la Edad Media las naves se perfeccionaron e incorporaron el timón de codaste, más eficaz para maniobrar y mantener el rumbo.

¿Sabías que...?: Colón lo usó en las carabelas con las que viajó.

VELA LATINA

El cambio de las antiguas velas cuadradas por las triangulares hizo los barcos más ligeros y fáciles de maniobrar. Y lo más importante: pudieron navegar contra el viento. Fueron muy populares en el Mediterráneo, ¡y las usaron los piratas!

¿Sabías que...?: Se llamó «vela latina» porque se desarrolló en la región mediterránea del Lacio. Una de las carabelas, la *Niña*, tenía estas velas.

INODORO

En 1597, sir John Harrington, un noble inglés de la corte de Isabel I, acabó con la costumbre de defecar en cualquier parte e ideó el primer inodoro de la historia para usarlo en la intimidad: una taza de porcelana. A la reina le pareció un invento ridículo y cayó en el olvido.

¿Sabías que...?: Se recuperó en el siglo XIX, conectado a una toma de agua para limpiar los desechos.

BIDÉ

Igual que el inodoro, se inventó en una corte, esta vez francesa. Era una vasija ovoide que se colocaba sobre un soporte de madera con patas, con el fin de que estuviera a la altura adecuada para lavar las partes íntimas. Como había que sentarse a horcajadas, lo llamaron bidé, que en francés *(bidet)* significa 'caballito'.

¿Sabías que...?: Fue un mueble refinadísimo que fabricaban reputados ebanistas.

ACERA

En 1766, en Londres, una ley promovió la construcción de plataformas elevadas y bien pavimentadas que separaran a los peatones de los carruajes. El fin era disponer de un lugar más limpio y seguro para caminar.

¿Sabías que...?: Londres era la ciudad más poblada de Europa y caminar por sus calles era una carrera de obstáculos: excrementos, lodo, socavones... ¡Las aceras fueron un gran invento!

PARAGUAS

El paraguas plegable que hoy conocemos lo inventó en 1705 un comerciante francés, Jean Marius. Se trataba de una práctica sombrilla que también servía para protegerse de la lluvia.

¿Sabías que...?: En la corte francesa lo usó la cuñada del rey y se convirtió en un accesorio de las damas: por fin podían salir elegantes en los días de lluvia.

RUECA

Las civilizaciones antiguas usaron instrumentos para transformar las fibras en hilos con los que coser, pero el impulso a la rueca se dio en el siglo XVI, al añadírsele un pedal que permitía a las hilanderas tener ambas manos libres.

¿Sabías que...?: Una de las más bellas aparece en el cuadro *Las hilanderas,* de Diego Velázquez, que captó de forma magistral el movimiento de la rueda.

ESTRIBO

Aunque se había usado antes en Asia, no llegó a Europa hasta el siglo XVI. En esta época comenzaron a fabricarse en hierro forjado con diseños más parecidos a los actuales.

¿Sabías que...?: Los jinetes europeos, que habían montado toda la vida sin ellos, los consideraron un invento para débiles. Más tarde vieron sus ventajas y se convirtieron en un signo de poder para los caballeros.

GRÚA

En el siglo XV vivieron los más grandes ingenieros de la historia. Actualizaron los principios grecolatinos y dieron un gran impulso a las máquinas. Leonardo da Vinci inventó la grúa giratoria, que no solo elevaba las cargas, sino que también las desplazaba.

¿Sabías que...?: Con ella pudieron colocarse los enormes bloques de mármol de la cúpula de Santa María del Fiore, en Florencia.

BÓVEDA DE CRUCERÍA

Si bien evoluciona desde la bóveda románica del siglo XII, es en los siglos XV y XVI cuando surge un nuevo tipo de bóveda caracterizada por dos arcos que se cruzan en el centro. Fue un hito de la arquitectura pues permitió construir los elevados techos de las catedrales góticas.

¿Sabías que...?: Gracias a ella, las catedrales ganaron altura de forma segura y pudieron abrirse en los muros, ahora más anchos y con grandes ventanas que inundaban de luz el interior.

PÉNDULO

El genial Galileo Galilei miraba el balanceo de un candelabro suspendido dentro de la catedral de Pisa, y detectó que la amplitud del balanceo disminuía, pero ¡el tiempo que tardaba en ir de un lado a otro era siempre el mismo! Para seguir observando, inventó un péndulo: una bola de metal atada al extremo de una cuerda. Era «el medidor del tiempo».

¿Sabías que...?: Galileo usó su pulso cardiaco para contar cuánto tardaba en oscilar a un lado y al otro.

RELOJ DE PÉNDULO

En 1657, un científico neerlandés, Christiaan Huygens, estudió las investigaciones de Galileo con el péndulo y decidió construir un reloj con ese mecanismo: las oscilaciones del péndulo hacían avanzar al reloj, el más preciso que se había inventado hasta la fecha.

¿Sabías que...?: Cambió la manera de medir el tiempo y sustituyó a los relojes mecánicos.

TRAJE DE BUCEO

A principios del siglo XVII, el español Jerónimo de Ayanz y Beaumont probó en el río Pisuerga (Valladolid), y ante el rey Felipe II y su corte, uno de los primeros trajes de buceo de la historia, pensado para que los recolectores de perlas pudieran estar sumergidos más tiempo.

¿Sabías que...?: También inventó una máquina de vapor más de un siglo antes de que Watt patentara la suya.

RELOJ MARINO

En el siglo XVIII, el Gobierno británico ofreció una importante suma de dinero a quien inventara un sistema para medir la longitud geográfica y conocer la posición de los barcos en alta mar. El premio se lo llevó un modesto relojero, John Harrison, inventor del primer reloj marino.

¿Sabías que...?: Harrison trabajó más de dos décadas para perfeccionarlo. Se le considera un antecedente de los modernos GPS.

TERMÓMETRO

En el siglo XVIII, el científico Galileo Galilei desarrolló un tubo con un líquido en su interior que se expandía y contraía con las variaciones de la temperatura. Al no tener escala numérica, no permitía medir la temperatura en sí, solo constatar los cambios.

¿Sabías que...?: Gabriel Fahrenheit inventó esta escala, y de ahí que lleve su nombre.

BARÓMETRO

Torricelli llenó un tubo de vidrio con mercurio y lo tapó para invertirlo sobre una cubeta con mercurio. Al destaparlo, cayó solo parte del líquido. Demostró que el aire «pesaba» sobre el mercurio de la cubeta e impedía que el tubo se vaciara completamente.

¿Sabías que...?: Descubrió así la presión atmosférica, inventó el barómetro para medirla y fue el precursor de la meteorología.

PARARRAYOS

En 1752, Benjamin Franklin hizo el experimento de volar una cometa de varillas y cuerda de cáñamo un día de tormenta. Pudo probar así la naturaleza eléctrica de los rayos y la posibilidad de desviarlos de su trayectoria. Gracias a su invento del pararrayos pudieron salvarse muchas vidas.

¿Sabías que...?: Nikola Tesla perfeccionó el pararrayos para hacerlo más seguro.

BOMBA NEUMÁTICA

El alemán Otto Von Guericke inventó en 1654 un aparato para extraer el aire. Para demostrar que funcionaba, encajó dos medias esferas huecas, extrajo el aire entre ellas e intentó separarlas. ¡No lo logró! La presión del aire sobre las esferas fue más fuerte.

¿Sabías que...?: Estas bombas se usan hoy para extraer aire de una tubería, en el envasado de alimentos, aspiradoras, etc.

LINTERNA MÁGICA

En el siglo XVII, un científico neerlandés, Christiaan Huygens, inventó el primer proyector de imágenes: estas se pintaban sobre placas de vidrio y se proyectaban usando una fuente de luz.

¿Sabías que...?: Fue el precedente del cine y cautivó a los espectadores dos siglos antes de que este se inventara.

LÁPIZ

A finales del siglo XVIII, un pintor francés, Nicolas Jacques Conté, descubrió que si mezclaba polvo de grafito con arcilla y después cocía la mezcla obtenía una sustancia con la que podía escribir. La revistió de madera e inventó el lápiz que usamos hoy en día.

¿Sabías que...?: Nuestra palabra «lápiz» viene del latín *lapis,* 'piedra', y el material, el «grafito», viene del griego *grafein,* que significa 'dibujar'.

PIANO

El músico italiano Bartolomeo Cristofori inventó a comienzos del siglo XVIII un instrumento de cuerda y teclado con el que podía producir sonidos suaves («piano») y fuertes («forte»). Lo llamó... ¡arpicémbalo!, aunque el resto del mundo decidió llamarlo «piano», del término «piano-forte».

¿Sabías que...?: El intérprete podía controlar la intensidad del sonido tocando las teclas con más o menos fuerza, algo que no permitían los teclados antiguos.

MÁQUINA DE COSER

Pocos años antes del final del siglo XVIII, un sastre británico, Thomas Saint, diseñó la primera máquina de coser. Pretendía que cosiera cuero y las velas de los barcos, así que incorporaba una aguja gruesa y fuerte.

¿Sabías que...?: Al principio, se accionaba con una manivela, ya que el pedal llegó un siglo más tarde, con la famosa máquina de Singer.

PARACAÍDAS

El primer salto en paracaídas lo dio en 1783 el científico y aventurero francés Louis-Sébastien Lenormand. Ante la mirada atónita de una multitud, se lanzó desde la torre del observatorio de Montpellier con su invento, construido con sombrillas.

¿Sabías que...?: Su idea no era saltar de los aviones, que aún no se habían inventado, sino salvar a las personas en los incendios.

SUBMARINO

La idea de un barco sumergible cautivó a los marineros antiguos, pero no se hizo realidad hasta 1621: en el río Támesis, un bote completamente cerrado se hundía en las aguas y emergía al cabo de tres horas. A bordo iba su inventor, Cornelius Drebbel.

¿Sabías que...?: Se impulsaba con remos que asomaban al exterior a través de orificios sellados. ¡Un submarino de lo más curioso!

GLOBO AEROSTÁTICO

El primer viaje en globo se hizo en 1783. Los hermanos Montgolfier habían construido un prototipo un año antes con la idea de que sirviera como medio de transporte. Supuso el comienzo de los vuelos tripulados.

¿Sabías que...?: Los primeros pasajeros fueron un pato, una oveja y un gallo. Tras diez minutos de vuelo, los tres llegaron a tierra sanos y salvos.

CARABELA

Fue imprescindible durante la era de los descubrimientos (siglos xv y xvi). No sabemos quién la inventó, pero sí que fue el resultado de perfeccionar embarcaciones anteriores por parte de constructores navales portugueses y españoles, que las adaptaron para los largos viajes de exploración.

¿Sabías que...?: Cristóbal Colón llevó tres carabelas en su primer viaje al Nuevo Mundo. Precisamente la Santa María, capitana de la expedición, fue la única que no regresó.

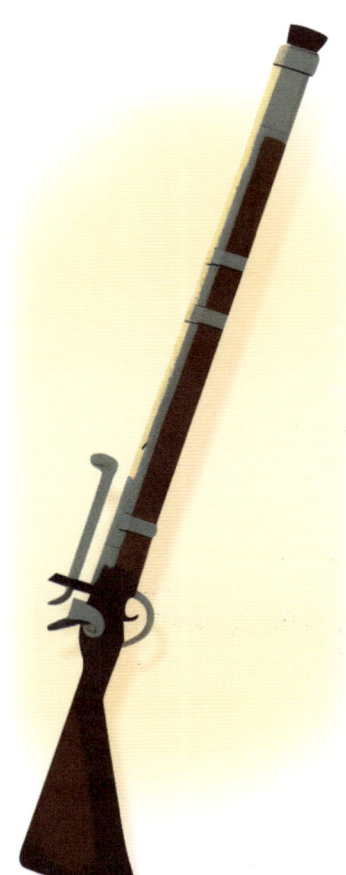

MOSQUETE

Fue un tipo de arma de cañón largo que se inventó en Europa en el siglo XVI para ser utilizada en batallas y combates. Sustituyó a ballestas y lanzas y jugó un papel muy importante, pues permitió atacar al enemigo desde distancias más largas y con mayor precisión.

¿Sabías que...?: En este periodo, la guardia personal del rey francés usaba mosquetes, y por eso se les llamó mosqueteros.

CUADRANTE

En la época de descubrimientos en barco, se adaptaron para la navegación instrumentos utilizados por civilizaciones anteriores. Así, el cuadrante, que medía la altura de los astros, se usó para calcular la latitud a partir de la altura de la estrella Polar y permitir a los marineros orientarse.

¿Sabías que...?: Se le llamó «cuadrante» porque es la cuarta parte de un círculo.

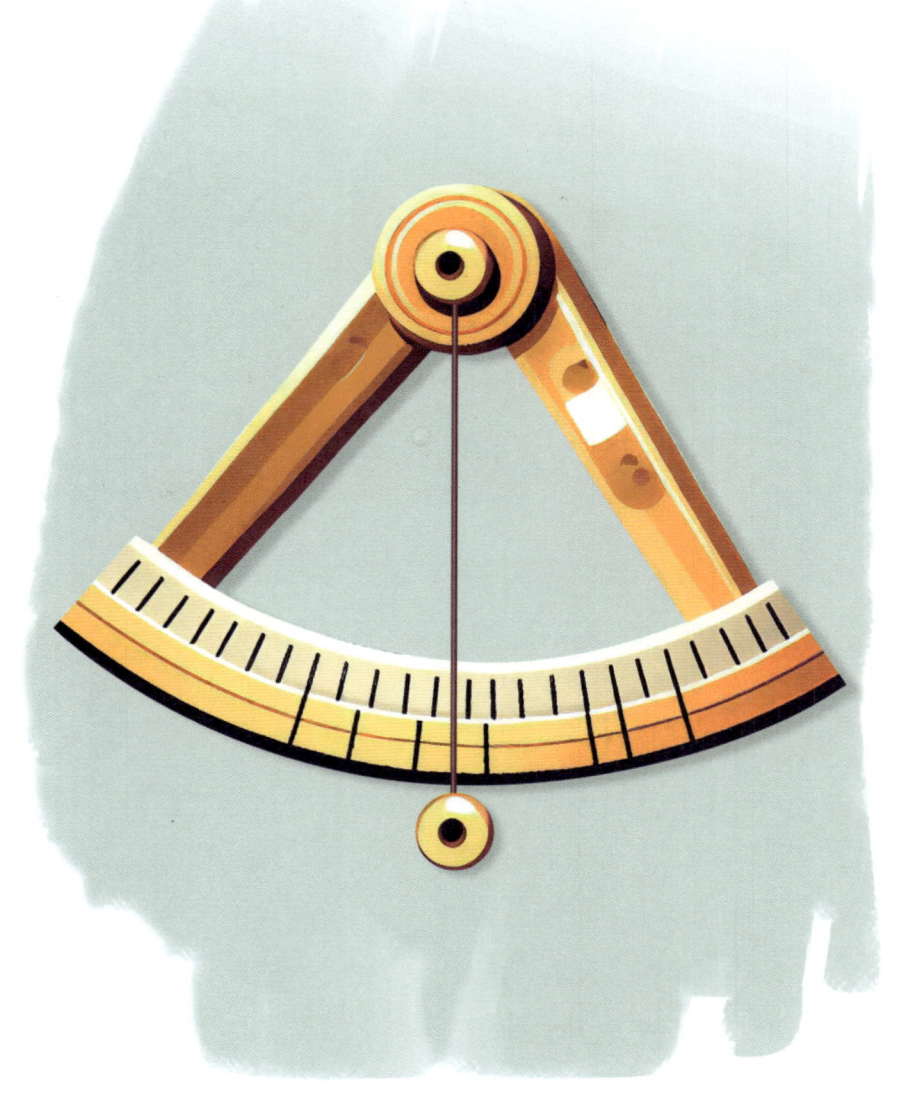

TELESCOPIO

El gran Galileo Galilei fabricó su propio telescopio para impresionar al senado veneciano. Primero solo tenía tres aumentos, después lo perfeccionó y, apuntando al cielo nocturno, descubrió nuevas estrellas y las montañas de la Luna.

¿Sabías que...?: El antecedente fue un tubo de latón ideado por un artesano holandés para «espiar»a los enemigos a distancia.

SEXTANTE

Lo inventó un matemático inglés, John Hadley, y reemplazó al astrolabio que se usaba en astronomía. Permitió calcular con una mayor precisión las coordenadas geográficas y la posición de los barcos en alta mar.

¿Sabías que...?: Es un arco graduado de 60 grados (de ahí su nombre), con espejos y un pequeño telescopio para apuntar al horizonte y al sol.

MÉTODO CIENTÍFICO

Aunque se considera a Descartes el padre del método científico, Galileo fue el primero en decir que no se puede dar por cierto nada que no se haya comprobado empíricamente.

¿Sabías que...?: Fue uno de los científicos más valientes de la historia: ¡se atrevió a contradecir las tesis del mismísimo Aristóteles!

ANATOMÍA

El médico Andreas Vesalio está considerado el padre de la anatomía moderna, pues trabajó observando directamente el cuerpo humano y no interpretando los textos de anatomía de la antigüedad clásica, como se hacía hasta entonces.

¿Sabías que...?: Sus magníficos dibujos del cuerpo humano, entre la ciencia y el arte, son comparables a los de Leonardo da Vinci.

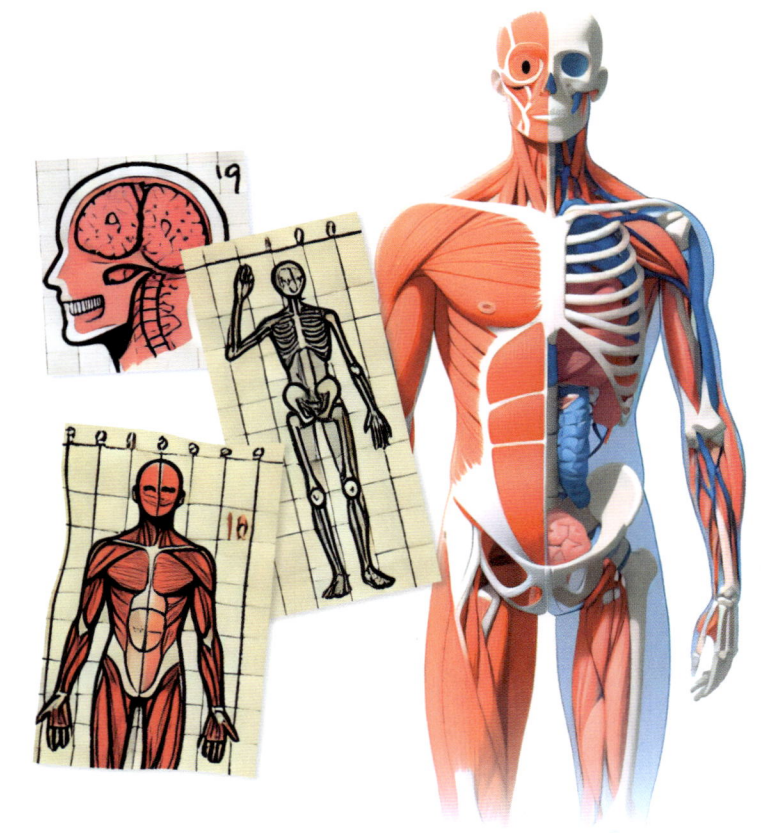

HIGRÓMETRO

Se usa en meteorología para medir el grado de humedad en el aire. Los primeros se construyeron en el siglo XVII, a partir de una idea del gran Leonardo da Vinci, que en 1480 inventó uno muy rudimentario.

¿Sabías que...?: Saussure, un naturalista francés, diseñó el suyo en 1783 empleando un cabello humano que expuso a condiciones de humedad y sequedad ambientales.

CALCULADORA

La más parecida a la que usamos hoy en día la inventó el matemático Blaise Pascal en el siglo XVII. Podía sumar y restar números enteros de hasta ocho dígitos y se llamó «pascalina» en honor a su creador.

¿Sabías que...?: Funcionaba mediante ruedas y engranajes y era más grande que las actuales: tenía el tamaño de, aproximadamente, una caja de zapatos.

MICROSCOPIO 🧪

En el siglo XVI, un fabricante de lentes neerlandés, Zacharias Janssen, construyó el primer microscopio de la historia, que le sirvió apenas para ver objetos pequeños a mayor tamaño. Años más tarde otro científico, Robert Hooke, lo perfeccionó y logró ver estructuras diminutas.

¿Sabías que...?: Hooke usó por primera vez la palabra «célula» para nombrar las estructuras vistas.

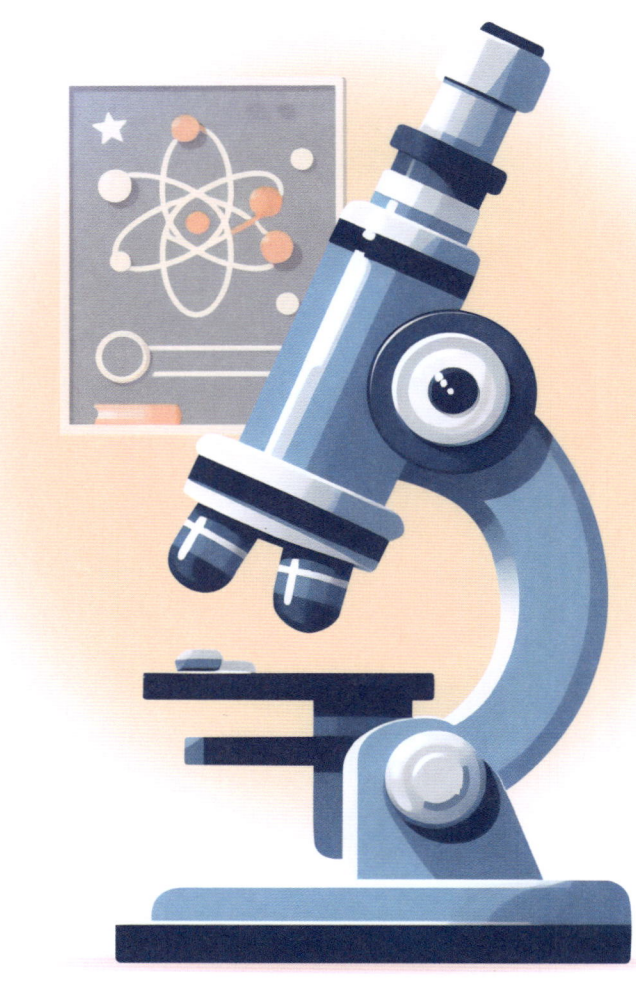

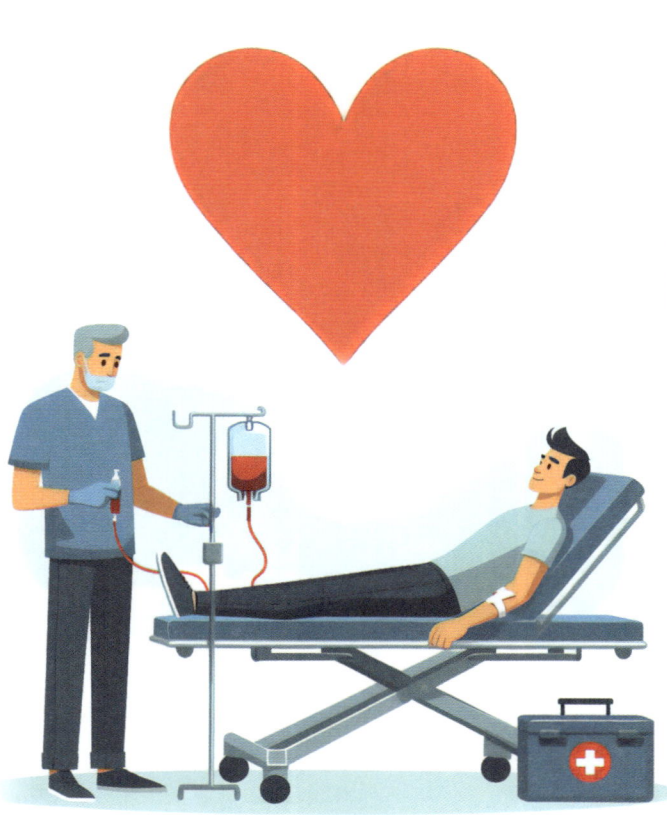

TRANSFUSIÓN DE SANGRE 🧪

En 1667, el médico francés Jean-Baptiste Denys usó sangre de oveja para transfundirla a un joven enfermo. El paciente sobrevivió unos días y después murió. Aunque el procedimiento no tuvo éxito, sentó las bases para futuras investigaciones en este campo.

¿Sabías que...?: Por aquella época no existían las jeringuillas ni los catéteres, así que Denys usó plumas de aves como cánulas.

FÓRCEPS

En el siglo XVII muchas mujeres morían en partos complicados cuando el bebé se atascaba en el canal del parto. Dos hermanos médicos, los Chamberlen, idearon este instrumento para ayudarlos a nacer.

¿Sabías que...?: Los Chamberlen adquirieron fama de buenos parteros gracias a su invento, que mantuvieron en secreto durante siglos; vendaban los ojos a la parturienta y nadie podía estar presente durante el parto.

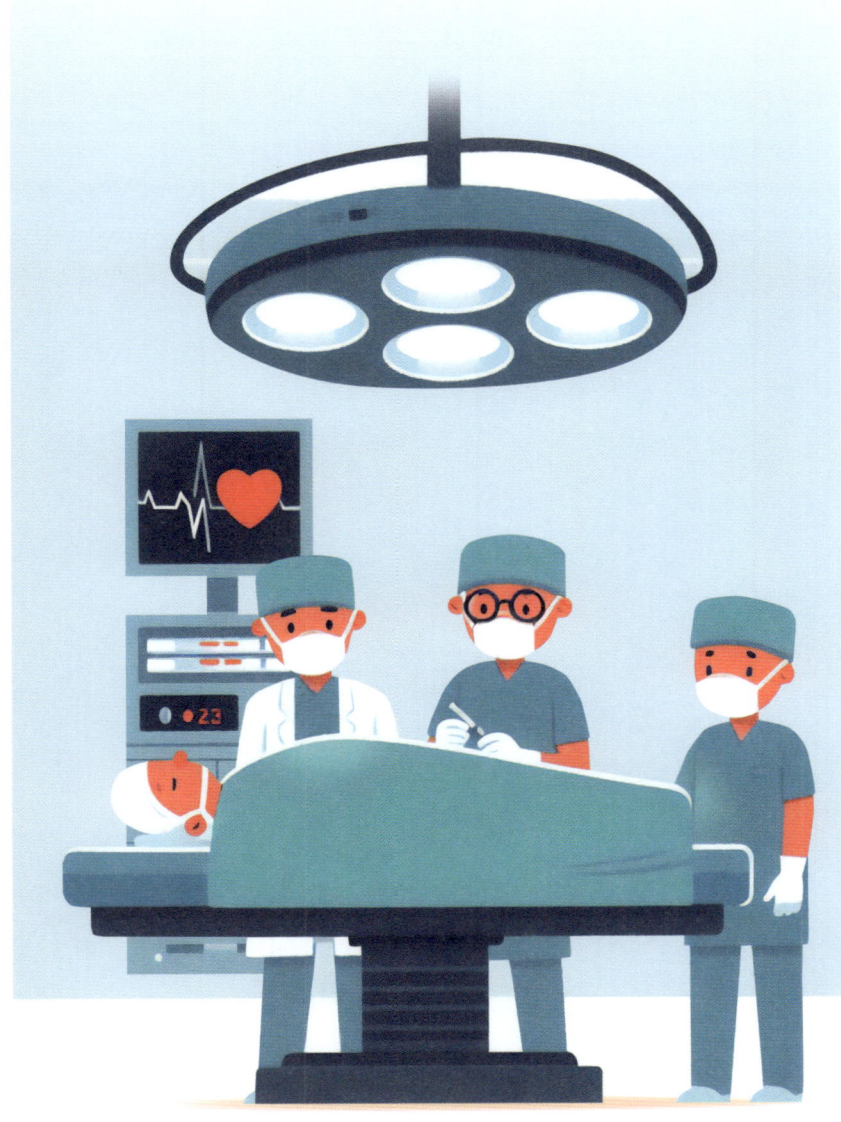

ANESTESIA

En 1540, el médico y genio del Renacimiento Paracelso hizo que unos pollos inhalaran un aceite conocido en la época como vitriolo dulce. Al momento, los animales quedaron profundamente dormidos. Este aceite era en realidad éter sulfúrico, un potente analgésico.

¿Sabías que...?: Sin quererlo, este hecho sentó las bases de la anestesia que se usaría siglos más tarde.

RAÍLES

Los primeros se usaron en el siglo XVI en las minas de Transilvania. Eran carriles de madera por los que se deslizaban las vagonetas que transportaban el mineral. En Inglaterra se reemplazó la madera por hierro para aumentar la carga de las vagonetas. En el siglo XVIII se fabricaron en hierro fundido, aún más resistente.

¿Sabías que...?: Estos avances fueron fundamentales para la llegada del ferrocarril.

MÁQUINA DE VAPOR

Aunque hubo algunos prototipos anteriores, se considera que su inventor fue James Watt, que en 1769 la convirtió en una máquina realmente eficiente. Fue un hito en la Revolución Industrial, pues permitió mecanizar muchos procesos, además del desarrollo de los transportes.

¿Sabías que...?: Como homenaje, la unidad de potencia, el vatio (W), es la inicial de su nombre.

OLLA A PRESIÓN

La inventó Denis Papin, médico y físico francés, en 1679. Utilizó la presión de vapor en un recipiente cerrado herméticamente y logró aumentar el punto de ebullición del agua. De esta forma podían cocinarse los alimentos en menos tiempo que con los métodos tradicionales.

¿Sabías que...?: Papin presentó su invento, el «digestor a vapor», cocinando para los miembros de la Royal Society de Londres.

PUZLE

En 1767, un cartógrafo y grabador inglés, John Spilsbury, ideó un método para que sus estudiantes aprendieran geografía: pegó un mapa sobre una lámina de madera y luego cortó esta en pedazos. Los estudiantes debían encajarlos para componer el mapa. Sin pretenderlo, acababa de inventar el primer puzle de la historia.

¿Sabías que...?: En poco tiempo, lo que surgió como una herramienta educativa se convirtió en uno de los pasatiempos más populares del mundo.

AUTOGIRO

Lo inventó en 1920 el ingeniero español Juan de la Cierva. Contaba con una hélice y un rotor impulsado por el aire, y fue el precursor de los helicópteros actuales. Logró volar más de tres minutos a una altura mayor de 25 metros.

¿Sabías que...?: Perfeccionó su modelo hasta permitirse pilotarlo él mismo. Cierto día, volando sobre EE. UU., decidió aterrizar en el jardín de la Casa Blanca, donde fue bien recibido por el presidente.

AVIÓN

Los hermanos Wright soñaron con volar desde niños. Con los conocimientos adquiridos en la construcción de bicicletas en la tienda que regentaban, y estudiando el vuelo de las aves, construyeron un aeroplano y realizaron el primer vuelo de la historia en 1903, en Carolina del Norte.

¿Sabías que...?: Ese primer vuelo duró 12 segundos.

BARCO DE VAPOR

En 1807 navegó por el río Hudson, en Nueva York, el primer barco de vapor, el Clermont. Fue una revolución para la navegación marítima, pues por primera vez no era necesario el uso de velas al no depender de vientos y corrientes.

¿Sabías que...?: Su primer viaje causó más miedo que sorpresa: algunos se arrojaron al suelo ante aquel monstruo inmenso y sus rugidos.

COHETE

Un científico alemán, Wernher von Braun, construyó el cohete que viajaría a la Luna. Desarrolló para Estados Unidos el Saturno V, que llevó a Armstrong y sus compañeros hasta nuestro satélite.

¿Sabías que...?: El mismo científico había creado años antes otro cohete que, cargado de explosivos, había sido un arma devastadora usada por los alemanes en la II Guerra Mundial. En uno de los lanzamientos, el cohete alcanzó el espacio exterior y... ahí empezó todo.

MOTOR ELÉCTRICO

En 1821, un científico británico, Michael Faraday, sumergió un alambre y un imán en mercurio y aplicó una corriente eléctrica. El alambre comenzó a rotar alrededor del imán. ¡La energía eléctrica se transformaba en mecánica! Acababa de inventar el primer motor eléctrico.

¿Sabías que...?: En su honor, la unidad de capacidad eléctrica se llama «faradio» o «farad» (F).

FONÓGRAFO

Thomas Edison patentó en 1878 una máquina para grabar y reproducir sonidos. Transformaba las ondas sonoras en vibraciones mecánicas que movían un estilete, y este grababa un surco sobre un cilindro. Su invento supuso el inicio de la industria discográfica.

¿Sabías que...?: Edison fue un apasionado lector e inventor que patentó nada menos que... ¡1903 inventos!

CINE

Los hermanos Lumière ya eran famosos por sus investigaciones en fotografía cuando inventaron el «cinematógrafo»: una caja de madera con un objetivo y una película perforada que se movía con una manivela y se proyectaba sobre una pantalla.

¿Sabías que...?: Las primeras películas duraban menos de un minuto.

MÁQUINA DE ESCRIBIR

En 1874, Christopher Sholes desarrolló un aparato para imprimir palabras sobre un papel. Lo vendió a una compañía de máquinas de coser de Nueva York llamada Remington, que fabricó mil unidades. El teclado era QWERTY (la distribución de las teclas de letras), y aún lo usamos.

¿Sabías que...?: Uno de los primeros compradores fue el escritor Mark Twain.

CÁMARA DE FOTOS

Aunque antes hubo otros métodos para intentar proyectar imágenes en una superficie (como la conocida como «cámara oscura»), se considera que la primera cámara de fotos la inventó el francés Louis Daguerre en 1839.

¿Sabías que...?: Joseph Niépce, que trabajó durante un tiempo con Daguerre, había obtenido previamente, en 1826, la primera fotografía, gracias a un dispositivo más rudimentario.

BOLÍGRAFO

Lo ideó el periodista húngaro Ladislao José Biro mientras paseaba por un parque. Observó que una pelota que acababa de atravesar un charco dejaba una capa de agua uniforme mientras rodaba. Y pensó que las puntas de las plumas metálicas podían ser esféricas. En 1943 patentó su prototipo y lo lanzó al mercado.

¿Sabías que...?: Se vendió en Argentina con el nombre de «birome» (de Biro y Meyne, su socio), y así sigue llamándose allí.

PILA

En 1799, un profesor de física italiano, Alessandro Vo.ta, probó una combinación de diferentes metales y líquidos conductores para generar electricidad, y logró producir por primera vez en un dispositivo una corriente eléctrica constante y continua.

¿Sabías que...?: El invento le sirvió para refutar la teoría de Galvani, según la cual los músculos de una rana se contraían al contacto con el metal porque ellos mismos tenían electricidad.

BOMBILLA

Aunque fue Edison quien la patentó, el verdadero inventor de la bombilla fue Heinrich Goebel, un relojero alemán que, en 1854, tuvo la idea de introducir un filamento de bambú carbonizado dentro de una botella a la que había practicado el vacío.

¿Sabías que...?: Su invento fue reconocido finalmente en 1893 como anterior al de Edison.

LATA DE CONSERVA

A finales del siglo XVIII, un confitero francés disponía sus productos en tarros de cristal cerrados herméticamente que luego hervía. Así destruía los microorganismos (como descubriría más adelante Louis Pasteur) y permitía su conservación. Así se convirtió en suministrador de alimentos de los soldados de la marina francesa.

¿Sabías que...?: Más tarde se sustituyó por recipientes de hojalata, y apareció la primera lata de conserva.

LAVAVAJILLAS

Josephine Cochrane, dama de la alta sociedad norteamericana, solía dar cenas tras las que se acumulaba mucha vajilla sucia. Para evitar que la manipulación rompiera sus piezas de porcelana, ideó una caldera de cobre con compartimentos para platos y vasos con un motor eléctrico.

¿Sabías que...?: Lo llamó Lavavajillas Cochrane y fundó la compañía origen de la actual Whirpool.

FREGONA

Mientras estaba destinado en EE. UU., el militar español Manuel Jalón vio que los soldados americanos limpiaban el aceite de los aviones que caía al suelo con una bayeta empujada por un palo. A su vuelta, diseñó y patentó el método para usarlo en los hogares, donde la costumbre era fregar de rodillas.

¿Sabías que...?: Sus fregonas se vendieron en todo el mundo, incluidos los Estados Unidos.

FRIGORÍFICO

En los hogares de principios del siglo XIX surgió la necesidad de destinar un espacio para guardar y conservar los alimentos. El primer frigorífico fue un armario que enfriaba mediante bloques de hielo y sal. La idea fue del ingeniero norteamericano Thomas Moore.

¿Sabías que...?: En 1914, Florence Parpart, inventora estadounidense, patentó la nevera eléctrica y empezaron a fabricarse modelos más sofisticados.

RADAR

El ingeniero y físico escocés Robert Watson-Watt patentó el radar en 1935. Su trabajo permitió que Reino Unido instalara un sistema de radares capaz de localizar a los aviones nazis, lo cual fue fundamental para que los aliados ganaran la II Guerra Mundial. Fue condecorado Caballero por este hecho.

¿Sabías que...?: Watson era descendiente de James Watt, inventor de la máquina de vapor.

DINAMITA

El químico sueco Alfred Nobel creó, en 1867, la dinamita como alternativa a la pólvora: usó nitroglicerina estabilizada con un material absorbente. Pretendía ser más segura, pero acabó usándose en la guerra y causando muchas víctimas.

¿Sabías que...?: Nobel creó los premios que llevan su nombre para enmendar su culpa.

REACTOR NUCLEAR

Enrico Fermi, físico italiano, desarrolló el primer reactor nuclear del mundo, construido en Chicago durante la II Guerra Mundial. Recibió el Premio Nobel de Física por su trabajo sobre la radiactividad y el descubrimiento de los elementos transuránicos, uno de los cuales se llamó «fermio».

¿Sabías que...?: Fermi pasó a la historia como «el arquitecto de la bomba atómica».

ASCENSOR

Es un invento del siglo xix. Al principio solo se usó para transportar cargas, pues se consideraba peligroso para las personas. Su inventor fue un mecánico, Elisha Otis, que lo dotó de un sistema de frenado.

¿Sabías que...?: Para demostrar que era seguro, subió él mismo y, al llegar a una altura considerable, pidió que cortaran la cuerda. El ascensor cayó solo unos pocos centímetros gracias al sistema de frenado.

TELÉFONO

Antonio Meucci ideó un aparato para comunicarse con su esposa enferma desde la oficina donde trabajaba. Era un hierro que conducía el sonido y lo llamó «teletrófono». No pudo patentarlo a causa de su exigua economía, y en su lugar lo hizo Graham Bell.

¿Sabías que...?: Durante años se atribuyó el invento a Bell, hasta que, en el año 2002, el Congreso de EE. UU. reconoció a Meucci.

TELÉGRAFO

Este sistema de comunicación a larga distancia, el más sencillo y rápido hasta entonces, se usó para comunicarse durante las guerras mundiales del siglo XX e hizo famoso a su inventor, Samuel Morse. Se basaba en la transmisión de impulsos eléctricos a través de un cable.

¿Sabías que...?: La primera frase que transmitió fue: «What hath God wrought?», que significaba: '¿Qué nos ha traído Dios?'.

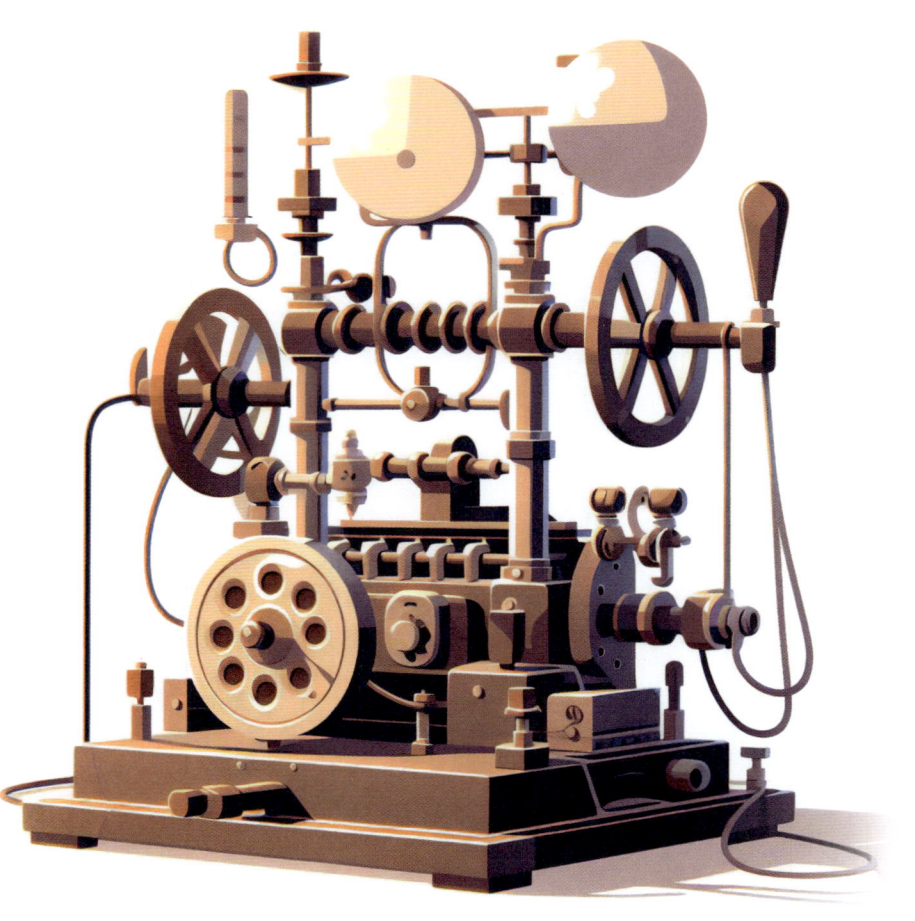

RADIO

Tras el telégrafo llegó la telegrafía sin hilos. En 1901 Marconi hizo la primera transmisión que cruzó el océano Atlántico, y en 1904 presentó la patente.

¿Sabías que...?: Sin embargo, otro científico, Nikola Tesla, ya había inventado en 1895 un dispositivo que permitía transmitir mensajes de voz sin hilos. En 1943 el Congreso de EE. UU. lo admitió y le devolvió la patente.

TELEVISOR

En 1926 John Logie Baird presentaba los resultados de su investigación sobre la transmisión de imágenes a distancia. Ante un grupo de unos cincuenta científicos, logró transmitir la imagen de una pequeña cruz de Malta a una distancia de pocos metros.

¿Sabías que...?: Más tarde, Baird logró enviar imágenes de Londres a Glasgow y a EE. UU.

CABLE SUBMARINO

En 1858, se tendió el primer cable submarino que conectaba Europa y América a través del Atlántico. Se rompió al cabo de tres semanas, pero demostró que el proyecto era viable.

¿Sabías que...?: En 1866, otro cable más resistente lo reemplazó y cambió para siempre el mundo de la comunicación.

COCHE

El primer coche de la historia lo patentó en 1886 Carl Benz con el nombre de «vehículo motorizado con motor de gasolina». Benz quiso demostrar que su coche era adecuado para viajes largos. Lo presentó públicamente, conducido por su esposa y con su dos hijos a bordo, y recorrió 180 kilómetros.

¿Sabías que...?: Bertha Benz se convirtió así en la primera mujer que condujo un vehículo a motor.

BICICLETA

En el siglo XIX empezaron a surgir distintos modelos de bicicleta: desde el «caballito pedestre», que no permitía cambiar la dirección y había que impulsar con los pies, hasta el de John Boyd Dunlop, ya con pedales y neumáticos y más parecido a los actuales.

¿Sabías que...?: Dunlop inventó el neumático con cámara de aire y lo incorporó en el triciclo de su hijo para que pudiese ir a la escuela por las pedregosas calles de Belfast.

TREN

El primer tren de vapor de la historia fue un prototipo construido en 1802 por un mecánico inglés, Richard Trevithick. Podía arrastrar un convoy de cinco toneladas y recorrer 15 km, pero... a 6 km/h.

¿Sabías que...?: El auténtico tren de pasajeros circuló en 1830, cuando se inauguró la primera línea ferroviaria del mundo entre las ciudades de Liverpool y Manchester.

SEMÁFORO

En 1868, un ingeniero británico diseñó un semáforo para organizar el tráfico basándose en las señales luminosas que regulaban el paso de los trenes. Funcionaba con lámparas de gas y se situó en el
centro de Londres, pero explotó a las pocas semanas y hubo que inventar uno más seguro.

¿Sabías que…?: En 1914 se usó en EE. UU. el primer semáforo moderno, eléctrico. Tenía también un altavoz.

ORDENADOR

John von Neumann, considerado uno de los matemáticos más importantes del siglo xx, diseñó el ordenador tal y como lo conocemos: una máquina científica con gran capacidad de memoria y que opera según las instrucciones que el usuario le facilite.

¿Sabías que…?: Lo llamó MANIAC y se usó para hacer simulaciones de detonación de la bomba H.

TELÉFONO MÓVIL

Lo desarrolló Martin Cooper, gerente de sistemas de Motorola. En 1973 hizo la primera llamada a su rival, Joel S. Engel, y le dijo que le hablaba «desde un teléfono celular, un teléfono móvil real, portátil, de mano».

¿Sabías que…?: Su inspiración fue la película *Star Treck*, donde el capitán Kirk se comunicaba a través de un dispositivo portátil.

SATÉLITES Y GPS

El Sistema de Posicionamiento Global o GPS fue desarrollado por el Departamento de Defensa de EE. UU. en la década de 1970 con el fin de mejorar los sistemas de navegación existentes, sobre todo para los pilotos de aviones. En 1978 entraba en órbita el primero de los 24 satélites del sistema.

¿Sabías que...?: Aunque inicialmente su uso fue militar, en 1983 se decidió hacerlo disponible también para su uso civil. Desde entonces, el GPS se ha integrado en teléfonos inteligentes y automóviles.

FÚTBOL MODERNO

Los juegos de pelota son un invento muy antiguo: en el siglo III a. C., los chinos se divertían encestándola en una red, y también jugaron griegos y mayas. Pero el fútbol actual surgió en Inglaterra en el siglo XIX en los colegios británicos, donde se crearon reglas de juego y se organizaron torneos.

¿Sabías que...?: En 1863, se establecieron las primeras reglas oficiales y en 1908 se incluyó en los Juegos Olímpicos.

VACUNAS

En el siglo XVIII, el médico Edward Jenner creó la primera vacuna para luchar contra la viruela inoculando a un niño sano material infectado de una persona que padecía la enfermedad. El experimento funcionó y el niño no enfermó.

¿Sabías que...?: Sin embargo, la Asociación Médica de Londres se opuso al tratamiento. Fue Napoleón quien lo apoyó ordenando vacunar a sus solados.

BLUETOOTH

En 1994, un ingeniero holandés, Jaap Haartsen, presentó para Ericsson su propuesta de *bluetooth*. La compañía donó la tecnología, libre de derechos de autor, que hoy utilizan millones de dispositivos.

¿Sabías que...?: Se llama así por un rey danés, Harald Bluetooth, que en el siglo x unió en un solo reino tribus noruegas, danesas y suecas que no lograban comunicarse pacíficamente.

WIFI

La primera conexión wifi se realizó en 1997 en Australia. Ideada por el ingeniero John O'Sullivan, pretendía mejorar la comunicación entre computadoras sin tener que usar cable.

¿Sabías que...?: Antes de eso, la actriz y científica Hedy Lamarr había ideado una técnica de encriptación para evitar interferencias llamada «salto de frecuencia», que hoy se considera el precursor del wifi.

TEORÍA DE LA RELATIVIDAD

En 1915, Albert Einstein enunció la teoría que revolucionó la física: la medida del tiempo no es absoluta, pues dos sucesos simultáneos desde la perspectiva de un observador no lo serán desde la de otro, y ambos estarán en lo cierto.

¿Sabías que...?: ¡Desafió al mismo Newton al afirmar que la gravedad no es una fuerza!

REALIDAD VIRTUAL

En 1968, Ivan Sutherland, científico estadounidense, diseñó un «casco de realidad virtual» capaz de generar imágenes, con la pretensión de crear un mundo virtual donde vivir experiencias irrealizables en un mundo físico.

¿Sabías que...?: El dispositivo se llamó «La espada de Damocles» y está en el Museo de Historia de la Computación de California.

INTERNET

El primer Internet fue la red Arpanet, creada por el científico Vinton Cerf. Desarrolló el protocolo TCP/IP que permite la comunicación entre redes. En 1989, Tim Berners-Lee desarrolló la World Wide Web y el lenguaje html, que facilitaron el uso de Internet que hoy conocemos.

¿Sabías que...?: El primer mensaje se envió el 29 de octubre de 1969.

INTELIGENCIA ARTIFICIAL

El término se usó por primera vez en 1956 en la Conferencia de Darmouth, que reunió a un grupo de expertos para debatir si era posible crear programas informáticos capaces de pensar y aprender.

¿Sabías que...?: Y lo fue: en 1996, la supercomputadora Deep Blue venció a Kasparov, campeón del mundo de ajedrez.

FERMENTACIÓN

Las civilizaciones antiguas dejaban reposar la masa de harina y agua para hacer el pan, pero desconocían el proceso de fermentación: pensaban que era un milagro. Hasta 1857, y gracias a las investigaciones de Louis Pasteur, no se supo que el causante de que la masa creciera era una levadura, un hongo.

¿Sabías que...?: A partir de entonces la levadura empezó a producirse de forma industrial y hoy la usamos en diversas formas.

RAYOS X

En 1895, un físico alemán, Wilhelm Conrad Röntgen, descubrió los rayos X mientras investigaba con un tubo de rayos catódicos. Pidió a su mujer, Anna Bertha, que colocara la mano en una placa de metal y realizó la primera radiografía.

¿Sabías que...?: Anna Bertha quedó tan impresionada que no volvió a participar en los experimentos de su marido.

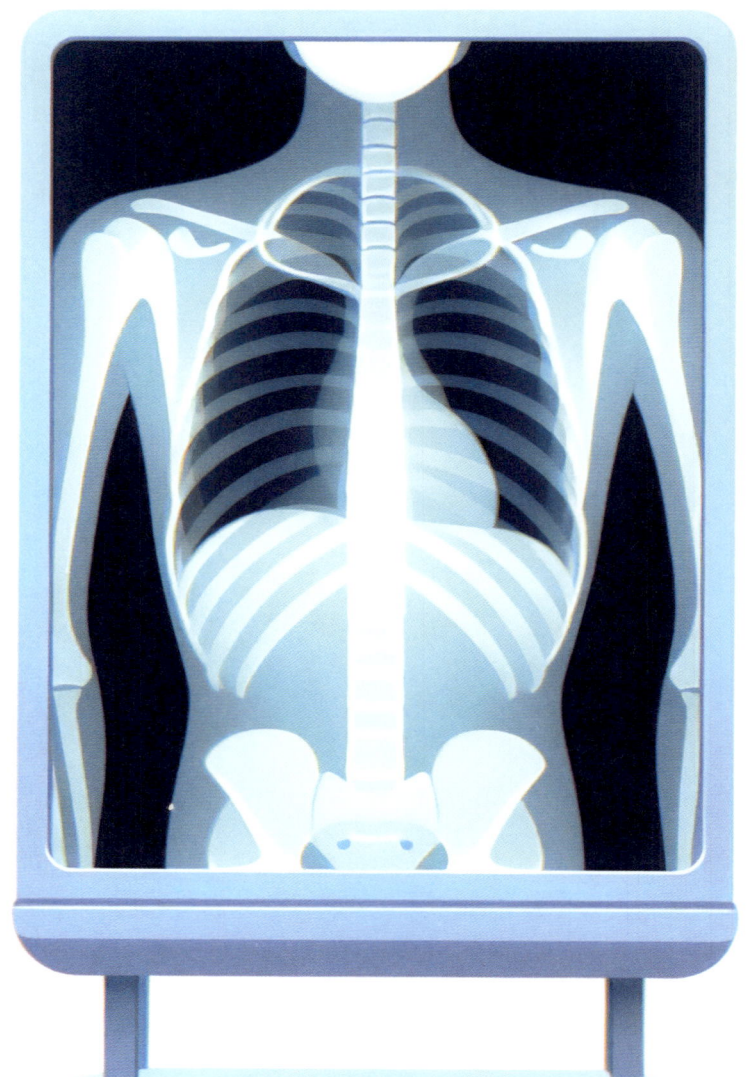

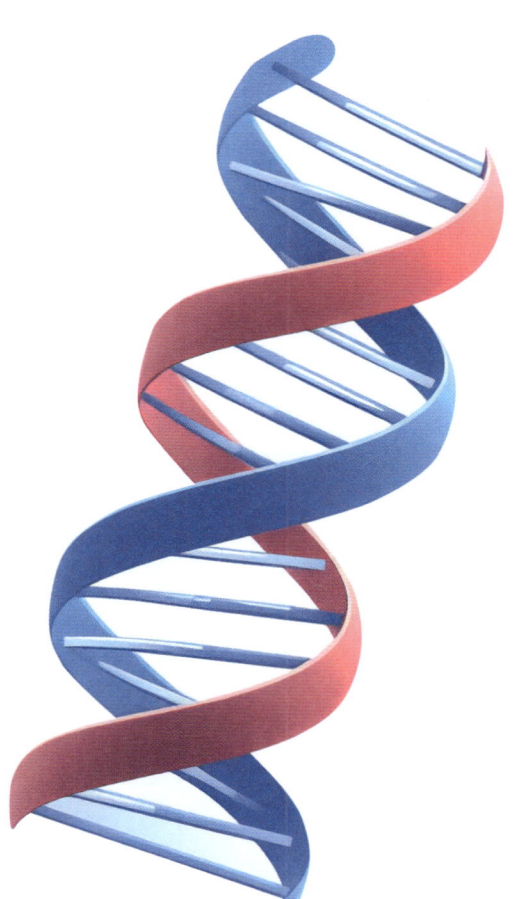

ADN

En 1952, Rosalind Franklin obtuvo las imágenes de la estructura completa del ADN más nítidas que se habían tomado hasta entonces y describió detalladamente sus moléculas, organizadas en forma helicoidal. Sus compañeros, Watson y Crick, las publicaron en un artículo y pasaron a la historia como los descubridores del ADN.

¿Sabías que...?: Watson y Crick recibieron el Nobel en 1962. Franklin había fallecido en 1958.

GENOMA HUMANO

En 1990, comenzó en EE. UU. el Proyecto Genoma Humano, cuyo objetivo era cartografiar la secuencia completa del ADN de los seres humanos. El mapa se completó en abril de 2003 y es uno de los hitos más importantes en la historia de la ciencia.

¿Sabías que...?: El genoma humano está compuesto por más de 30 000 genes, con unos 3120 millones de instrucciones genéticas.

PENICILINA

En 1928, un científico escocés, Alexander Fleming, descubrió la penicilina de forma casual: se fue de vacaciones y olvidó una placa donde cultivaba bacterias. A su vuelta, vio que un hongo las había devorado.

¿Sabías que...?: El moho, del género *Penicillium,* dio nombre al antibiótico más universal de la historia de la medicina.

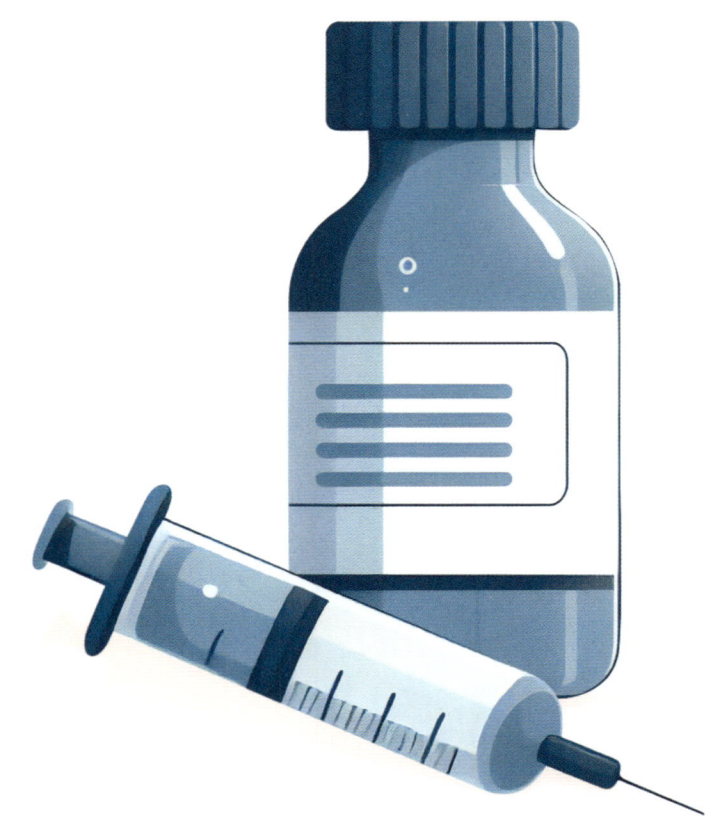

CÉLULAS

En 1839, Theodor Schwann, naturalista alemán, vio que los tejidos de los animales estaban formados por células, unidades con vida propia cuya multiplicación era la causa del crecimiento de los organismos.

¿Sabías que...?: Fue el inicio de la teoría celular, que en 1888 Ramón y Cajal extendió al tejido nervioso aplicándola a las neuronas, que eran sus unidades elementales.

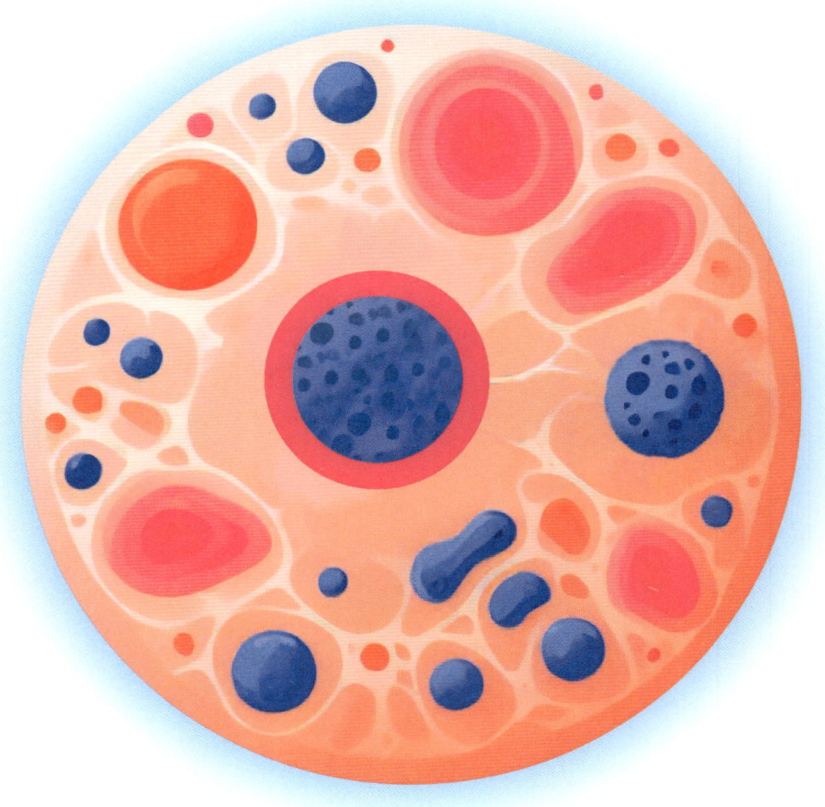

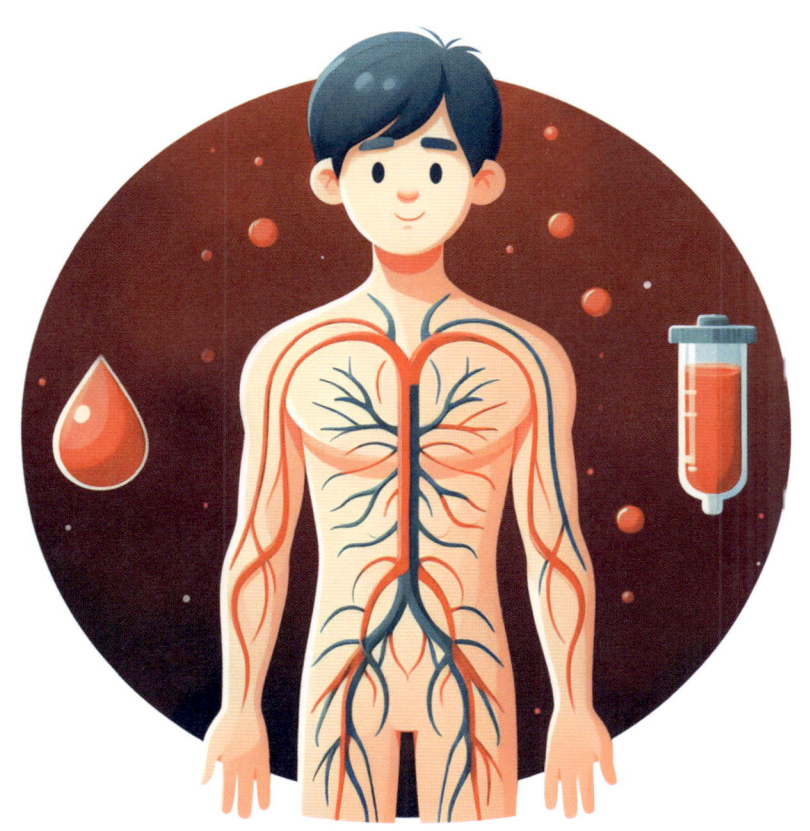

CIRCULACIÓN DE LA SANGRE

William Harvey, médico inglés, descubrió en 1628 que la sangre circula en un circuito cerrado: el corazón la envía a los tejidos y luego retorna al corazón.

¿Sabías que...?:

Anteriormente se creía que la sangre se fabricaba a partir de los alimentos y los tejidos la consumían, por tanto había que alimentarse para volver a producirla.

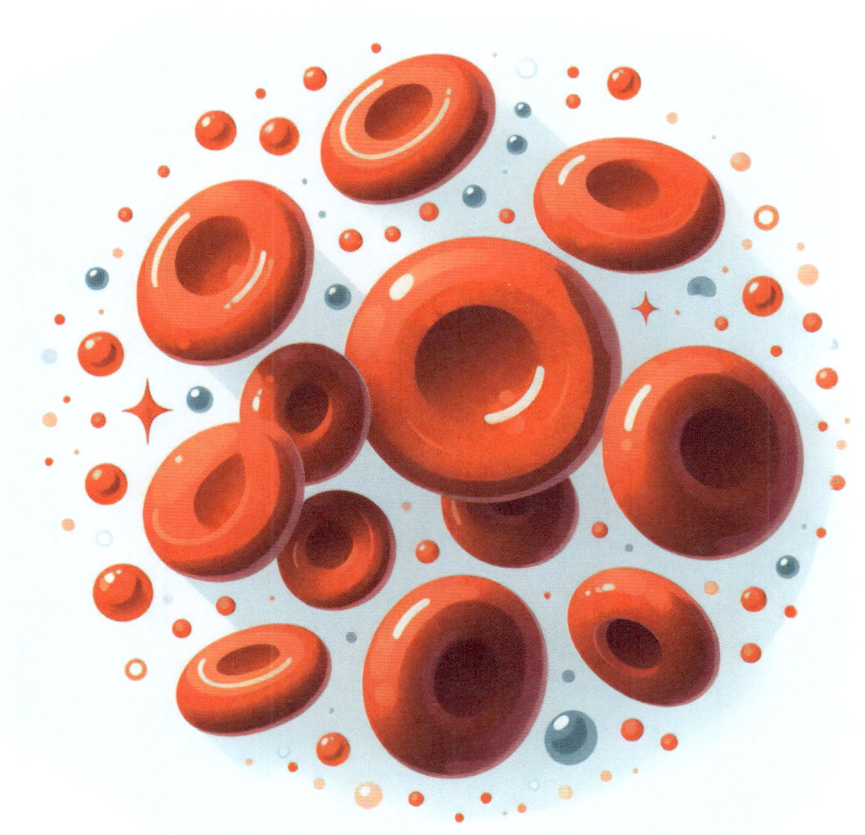

GLÓBULOS ROJOS

En 1668, un comerciante y científico holandés, Anton Van Leeuwenhoek, perfeccionó un microscopio y se dedicó a observar. Examinando los capilares de la oreja de un conejo, vio circular los glóbulos rojos.

¿Sabías que...?: También descubrió los espermatozoides, que describió como «una multitud de animales minúsculos».

TEORÍA HELIOCÉNTRICA

En el siglo XVI, un clérigo y astrónomo polaco, Copérnico, propuso su modelo del sistema solar, en el que los planetas, incluida la Tierra, giran alrededor del Sol, y acabó con el modelo antiguo que situaba la Tierra en el centro. La Iglesia prohibió su teoría.

¿Sabías que...?: Él la demostró con cálculos matemáticos y dibujos. Los astrónomos sí la dieron por válida y su obra se hizo muy famosa.

LA LUNA

En 1609, Galileo Galilei logró hacerse con uno de los catalejos construidos por Hans Lippershey, lo perfeccionó y se dedicó a observar la Luna. Fue el primero en descubrir sus cráteres, sus mares y sus cadenas montañosas.

¿Sabías que...?: Hay investigaciones que afirman que, unos meses antes, un astrónomo inglés, Thomas Harriott, ya había observado y dibujado la Luna con cierto detalle.

LAS LUNAS DE JÚPITER

Obsesionado con la observación del cielo, Galileo también descubrió las cuatro lunas mayores de Júpiter. La primera vez pensó que eran estrellas. Luego vio que se movían con el planeta, sin alejarse de él; entonces dedujo que eran cuerpos planetarios que orbitaban alrededor de Júpiter.

¿Sabías que...?: Las llamó «planetas medicianos», en honor a la familia Medici, de la ciudad de Florencia, donde vivía.

EL COMETA HALLEY

En el siglo XVII, el astrónomo británico Edmund Halley demostró que las estrellas aparecidas en 1531, 1607 y 1682 eran un mismo cometa y no tres cuerpos celestes distintos. Y predijo el paso del mismo, que hoy lleva su nombre, cada 76 años.

¿Sabías que...?: Dio carácter científico a la presencia de los cometas, que hasta entonces eran signos de mal augurio.

ROTACIÓN DE LA TIERRA

El científico francés Léon Foucault demostró la rotación de la Tierra. Lo hizo con un experimento realizado en el Panteón de París el 26 de marzo de 1851: utilizó un péndulo muy pesado y largo que colgó de la cúpula y dejó que oscilara; este empezó a girar lentamente.

¿Sabías que...?: El péndulo giró en sentido horario, y Foucault demostró que lo que realmente giraba era la Tierra.

ESTRELLAS SUPERNOVAS

En 1572, el astrónomo danés Tycho Brahe descubrió una estrella nueva en la constelación de Casiopea, que además era más brillante que las otras. Continuó midiendo su brillo en las noches siguientes hasta que la estrella desapareció.

¿Sabías que...?: Sin saberlo, acababa de asistir a la explosión de una estrella, fenómeno que hoy conocemos como «supernova».

ELECTRICIDAD

En 1600, un físico inglés, William Gilbert, intentó medir la fuerza de atracción que adquiría el ámbar cuando se frotaba. Gilbert llamó «eléctrico» a cualquier material que se comportara como el ámbar (que en griego es *elektron*) y de ese modo puso nombre a la electricidad.

¿Sabías que...?: Para detectarla también en otras sustancias y poder medirla, inventó el electroscopio.

LEY DE LA GRAVEDAD

En el siglo XVII, Isaac Newton enunció la ley de la gravedad tras observar la caída de una manzana de un árbol y realizar estudios sobre el movimiento de los planetas alrededor del Sol. Escribió su teoría en su obra *Principios matemáticos de la filosofía natural* y revolucionó con ella la forma de entender el universo.

¿Sabías que...?: Aunque nunca mencionó la anécdota de la manzana en sus escritos, ha pasado a la historia como símbolo de la curiosidad del científico ante cualquier fenómeno.

Grandes genios de la historia

Fueron personas creativas, curiosas, apasionadas, perseverantes. Pusieron sus brillantes ideas al servicio de la humanidad y ayudaron a mejorar la vida de mucha gente. ¿Quieres conocerlos?

ARQUÍMEDES

Fue el mayor genio de la Antigua Grecia. Físico, ingeniero, matemático y astrónomo, amaba su ciudad, Siracusa, y construyó armas para defenderla del asedio romano.

¿Sabías que...?: Cuentan que el asedio le sorprendió resolviendo un problema matemático. Se negó a obedecer a un soldado romano. «No molestes mis círculos», cuentan que dijo. Y el soldado, furioso, lo mató.

LEONARDO DA VINCI

Al inventor más creativo del Renacimiento le obsesionó tanto la idea de volar que dibujó máquinas voladoras… ¡siglos antes de que se inventaran! También pintó uno de los cuadros más famosos de la historia: *La Gioconda*.

¿Sabías que...?: Da Vinci era ambidiestro. En sus cuadernos de inventos escribió textos al revés; se cree que lo hacía para no ser leído fácilmente por cualquiera.

MARIE CURIE

Recibió dos Premios Nobel: uno de Física y otro de Química. Dedicó su vida a la investigación de la radiación, lo que probablemente provocó la enfermedad que le causó la muerte. «Nada en este mundo debe ser temido, solo entendido», decía. ¡Una mujer valiente!

¿Sabías que...?: Su hija, Irène Joliot-Curie, le siguió los pasos y fue también Premio Nobel de Química.

ADA LOVELACE

Nació en Londres en 1815. Fue una niña enfermiza, pero aprovechó sus periodos en cama para estudiar matemáticas. Cuando conoció a Charles Babbage, inventor de la computadora mecánica, pensó que un día las máquinas cambiarían el futuro.

¿Sabías que...?: Desarrolló el primer algoritmo informático, que muchos años después pudo probarse en un ordenador. Por ello, está considerada la primera programadora informática.

HEDY LAMARR

Aunque es más conocida como actriz de Hollywood, fue también una inteligente inventora austriaca. En la II Guerra Mundial, trabajando para EE. UU. como espía del ejército alemán, desarrolló un sistema para interceptar comunicaciones, que fue el precursor de la wifi.

¿Sabías que...?: En su honor, el 9 de noviembre se celebra en Viena, su ciudad natal, el día del inventor.

STEVE JOBS

Imaginativo y trabajador, este empresario y diseñador inducstrial nacido en San Francisco en 1955, fundó Apple e inventó el iPhone. En 2005 pronunció un discurso en la Universidad de Standford donde dio muchos consejos a los estudiantes. «Mantente despierto y curioso» era uno de ellos, sin duda el que él mismo siguió en su vida.

¿Sabías que...?: Fundó Pixar, la compañía que creó el primer largometraje animado por ordenador: *Toy Story*.

EL PRÓXIMO GENIO

¿Y tú? ¿Tienes una idea que te gustaría desarrollar? Después de este apasionante paseo por el ingenio, te habrás dado cuenta de que la historia de cada invento empezó así, con una idea o un sueño, que el tesón y el trabajo de sus creadores convirtieron en una extraordinaria realidad.

Así que... ¡a por ella! Tu invento puede ser el próximo de esta gran historia.

ÍNDICE

EDAD CONTEMPORÁNEA

1789 – Actualidad

DESCUBRIMIENTOS

GRANDES GENIOS DE LA HISTORIA

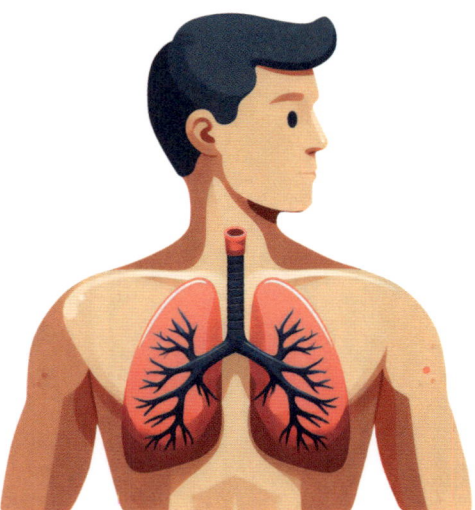

Recuerda que...

... ningún invento o descubrimiento es pequeño, pues cada uno de ellos siempre es un gigantesco paso que nos acerca a un futuro mejor.

¡Disfruta de tu imaginación!